北大版对外汉语教材·短期培训系列

速成汉语基础教程

Speed-up Chinese

主编 杨惠元

◆ 听力练习

◆ 综合测试卷

听力课本
Listening Book

图书在版编目(CIP)数据

速成汉语基础教程. 听力课本. 4/杨惠元主编. —北京：北京大学出版社，2012.4
(北大版对外汉语教材·短期培训系列)

ISBN 978-7-301-20379-8

Ⅰ. 速… Ⅱ. 杨… Ⅲ. 汉语—听说教学—对外汉语教学—教材 Ⅳ. H195.4

中国版本图书馆CIP数据核字(2012)第036529号

书　　　名：速成汉语基础教程·听力课本　4
著作责任者：杨惠元　主编
责 任 编 辑：沈　岚
标 准 书 号：ISBN 978-7-301-20379-8/H·3027
出 版 发 行：北京大学出版社
地　　　址：北京市海淀区成府路205号　100871
网　　　址：http://www.pup.cn
电　　　话：邮购部 62752015　发行部 62750672　编辑部 62767349　出版部 62754962
电 子 邮 箱：zpup@pup.pku.edu.cn
印 刷 者：北京大学印刷厂
经 销 者：新华书店
　　　　　787毫米×1092毫米　16开本　17.5印张　410千字
　　　　　2012年4月第1版　2012年4月第1次印刷
印　　　数：0001—3000册
定　　　价：52.00元(全2册，含MP3盘1张)

未经许可，不得以任何方式复制或抄袭本书之部分或全部内容。
版权所有，侵权必究　举报电话：010-62752024
　　　　　　　　　　电子邮箱：fd@pup.pku.edu.cn

前　言

　　《速成汉语基础教程·听力课本》是《速成汉语基础教程·综合课本》的配套教材，也可以单独使用。对象为零起点的或略有汉语基础的初级水平的短期学生。全书共4册，每册10课，总共40课。

　　作为一套专项技能训练的教材，本书旨在训练和提高学生的聆听理解能力。我们在编写时吸收了汉语速成教学和听力训练方面的前沿理论研究成果，并且将这些成果作为指导思想贯彻到了教材编写的每一个环节中。

　　按照最新的教材编写理念，科学的教材应该是一套"精心编写的练习集"，"练习是教材的主体"。因为是配套教材，本书只出少量生词，基本不出新的语法点，所以，不需要教师过多地讲解，教师的主要职责是指导学生练习。"练习成为教材的主体"是本教材最大的特色。

　　第二语言教学的根本目的是提高学生使用目的语在一定范围内进行交际的能力。为此，学生必须完成"从语言知识到语言技能"和"从语言技能到语言交际技能"的两次转化。这里的关键是建立目的语的思维系统。为了训练学生的思维能力，开发他们的语言潜能，本套教材的课文都采用更具挑战力的"未完成式"，使学生从被动地接受转变到主动地实践、主动地交际，真正成为学习的主人。

　　同时，我们认为，只有实行"强化+科学化"的训练，才能提高训练的效果，达到速成教学的目标。所谓"强化"，就是进行大运动量的训练：一是在单位时间里给学生输入大量的语言信息，二是在单位时间里提高语言信息输入输出的次数。所谓"科学化",就是训练要在先进教学法理论指导下进行,要强化得恰到好处,讲究训练的效果。

教师使用本套教材时,最好先熟悉主干教材《速成汉语基础教程·综合课本》的内容,要了解学生的"已知",了解这一课是配合综合课的哪一课或哪几课。在教学中,如果能够先安排一个回忆、复习综合课的环节,训练效果会更为理想。

本教材由两个部分组成:

一、听力练习

这是学生在听力课上做练习使用的。第一册的前5课为集中语音阶段,配合综合课的第一册。基本上是一课配两课。从第一册第6课开始,每课都设计了听前练习、听时练习、听后练习和泛听练习四个部分。听前练习为听时练习扫除障碍,是热身的环节。听时练习是整个训练的核心。教师要让学生带着问题听课文,听时有注意的方向,学会听的方法。听后练习是复习巩固的环节,帮助学生加深理解和记忆。泛听练习可在课上完成,也可在课下完成。为避免学生提前预习或看着课文听录音,这部分的课文均采用未完成式,每一课都设计了填空练习,学生做完了填空练习,就有了完整的课文,便于他们课后复习。为了有效地训练学生辨别语音声调和帮助学生熟悉聆听理解考试的题型和解题方法,第一册后附有大量"基础语音练习材料"。另,每册后边都附有"聆听理解综合测试卷"。

二、学习指导

这一部分包括学生聆听的语料——课本和练习的录音文本、练习题及答案,也为教师上课提供参考,每一课都有学习目的和学习内容的提示,帮助教师和学生明确训练的目的和重点,便于学生主动地学习和复习。

尽管我们做了比较大的努力,但由于水平有限,可能还有很多不尽如人意的地方。希望老师们在使用的时候能够扬长补短,根据教学的实际情况灵活地处理它、完善它。

杨惠元

Foreword

Speed-up Chinese: Listening Books are supplementary textbooks of *Speed-up Chinese: An Integrated Book.* They also can be used independently. They are designed for the beginners in short-term study programs. They are in four volumes, with each volume containing 10 lessons.

As a set of textbooks for special training, this set of textbooks aims to train and improve students' abilities of listening and comprehending. We adopt the latest theories of accelerative Chinese teaching and listening training methods as the guideline in the process of compiling this set of textbooks.

The most significant feature of this set of books is that it is exercise-based. According to the latest textbook compiling principles, an effective textbook should be a carefully compiled series of exercises, namely "the exercises should be the main parts of the textbook". As a supplementary textbook, *Speed-up Chinese: Listening Book* does not introduce any new grammar, although there are some new words in it. Using this textbook in the class, the teacher should take his main responsibility to guide the students to do exercises instead of giving lectures too much.

The essential aim of second language teaching is to improve students' communicating ability in the target language to some extent. To achieve this goal, students should not only learn language knowledge, but train language skills, and also participate in communication as well. In this process, the most important thing is to build a thinking system based on the target language. In order to train students' thinking ability and develop their potentialities in language, we use the challenging unfinished materials in these textbooks, which can help the students to take part in communicating practices actively, instead of receiving knowledge passively.

We believe that only by taking the principle of "reinforcement and scientification" in the practice can we enhance the effect of drills and achieve the objectives of accelerative teaching. "Reinforcement" means that in a unit of time we must input massive language information to the students as much as possible through a large amount of drills. "Scientification" implies that the drills must be guided by the methodology of teaching so that the principle of "reinforcement" can be appropriately carried out.

Before using these textbooks in the class, the teacher had better have a thorough knowledge of what the content of the main textbook *Speed-up Chinese: An Integrated Book* is, what the students have known and what the corresponding relationship between the lessons of the comprehensive textbook and that of the listening textbook. An activity of recalling and reviewing the corresponding comprehensive lessons before the listening lessons will lead to a better effect.

This set of textbooks is consisted of two parts:

Part I: Listening Exercises

Listening Exercises are for classroom activities. The first 5 lessons of the volume 1 are the exercises for pronunciation designed for the volume 1 of the comprehensive textbook, generally one lesson of listening textbook for two of comprehensive textbooks. All the other lessons consist of four modules, namely pre-listening exercises, listening exercises, after-listening exercises and extensive listening exercises. Pre-listening exercises are warm-up activities. Listening exercises are the core drills in which listening strategies and methods will be taught. After-listening exercises are designed for reviewing and reinforcing. Extensive listening exercises can be arranged as assignments after class. The texts in the extensive listening exercises are with blanks.

In addition, *Materials for Pronunciation Practice* are provided in the appendix of volume 1 and the *Evaluation Paper* is attached to every volume. These materials can help the students to distinguish pronunciation and tones and to be familiar with the listening comprehension tests.

Part II: Learning Guide

Transcript for listening exercises, as well as the answers are concluded in this part for the students. This part also provides references for the teachers. Every lesson explains teaching objectives and contents, so that the teachers and students can clearly know the purpose and emphases of drills, then learn and review on their own initiative.

No textbook is perfect. These textbooks should be used in a flexible way so that their advantages can be developed and the disadvantages can be made up for.

Yang Huiyuan

CONTENTS

第一课　你想看什么节目？ ········· 1
Nǐ xiǎng kàn shénme jiémù?

第二课　"忘年交"是什么意思？ ········· 11
"Wàngniánjiāo" shì shénme yìsi?

第三课　有明天的卧铺票吗？ ········· 21
Yǒu míngtiān de wòpù piào ma?

第四课　你最近忙什么呢？ ········· 31
Nǐ zuìjìn máng shénme ne?

第五课　布朗先生做什么生意？(1) ········· 41
Bùlǎng xiānsheng zuò shénme shēngyi?

第六课　布朗先生做什么生意？(2) ········· 53
Bùlǎng xiānsheng zuò shénme shēngyi?

第七课　你关心过他们吗？ ········· 65
Nǐ guānxīn guo tāmen ma?

第八课　你了解这些城市吗？ ········· 75
Nǐ liǎojiě zhèxiē chéngshì ma?

第九课　你想听留学生自己的故事吗？ ········· 87
Nǐ xiǎng tīng liúxuéshēng zìjǐ de gùshì ma?

第十课　你知道这些趣闻吗？ ········· 97
Nǐ zhīdào zhèxiē qùwén ma?

聆听理解综合测试卷 ········· 107
Língtīng lǐjiě zōnghé cèshìjuàn

词汇总表 ········· 112
Cíhuì zǒng biǎo

第一课

Nǐ xiǎng kàn shénme jiémù?
你想看什么节目？

New Words 生词

1. 联播	（动、名）	liánbō	to broadcast over a radio network
2. 焦点	（名）	jiāodiǎn	focus, central issue
3. 连续	（动）	liánxù	continuous, successive
4. 编辑	（动、名）	biānjí	to edit, to compile
5. 欣赏	（动）	xīnshǎng	to appreciate, to enjoy
6. 现场直播		xiànchǎng zhíbō	direct broadcast
7. 动画片	（名）	dònghuàpiàn	animated cartoon, cartoon
8. 题材	（名）	tícái	subject matter, theme
9. 逐渐	（副）	zhújiàn	gradually, by degrees
10. 争论	（动）	zhēnglùn	to argue, to debate
11. 小品	（名）	xiǎopǐn	a short, simple literary or artistic creation
12. 征婚	（动）	zhēnghūn	marriage-seeking
13. 模拟	（动）	mónǐ	to imitate, to simulate
14. 屏幕	（名）	píngmù	screen
15. 光盘	（名）	guāngpán	optical disc
16. 联网	（动）	liánwǎng	internet

17. 革命	（名、动）	gémìng	revolution
18. 温柔	（形）	wēnróu	gentle and soft
19. 坚强	（形）	jiānqiáng	strong, firm
20. 胆子	（名）	dǎnzi	guts, courage
21. 成长	（动）	chéngzhǎng	to grow up, to grow to maturity

一 听前练习　Before Listening

（一）词语练习

　　1. 听句子挑出生词

　　2. 听句子，根据句意猜老师指出的词语的意思

（二）句子练习

　　1. 听句子，判别正误

　　　（1）　　（2）　　（3）　　（4）

　　　（5）　　（6）　　（7）　　（8）

　　2. 听句子，口头回答问题

二 听时练习　While Listening

课文（一）

1. 连线

（1）听后根据第Ⅰ段电视节目预告的内容连线

　　18点10分　　　　　北京新闻、天气预报

　　18点30分　　　　　新闻联播、天气预报

19点　　　　　　　　今日话题

19点40分　　　　　　体育新闻

(2) 听后根据第Ⅱ段节目预告的内容连线

19点　　　　　　　　相声比赛的部分节目

19点38分　　　　　　电视剧《咱爸咱妈》

19点55分　　　　　　《人与自然》

20点45分　　　　　　新闻联播

22点30分　　　　　　体育节目《足球世界》

23点　　　　　　　　焦点访谈

23点30分　　　　　　地方台30分钟《大山的儿子》

2. 听后根据第Ⅲ段节目预告的内容填表

首播	第　　套节目	到
首播	第　　套节目	到

3. 填空

Ⅰ　晚上好，观众朋友们，今天是11月10日，星期一。今天晚上的电视节目是这样为您安排的。首先在＿＿＿＿＿＿请您收看BTV体育新闻，＿＿＿＿＿＿北京新闻、天气预报，＿＿＿＿＿＿转播中央电视台的新闻联播、天气预报，19点40分＿＿＿＿＿＿。

Ⅱ　观众朋友们，晚上好！欢迎各位收看中央电视台的节目。今天是10月28日，星期二，农历九月廿七。现在我来为您介绍一下本台今天晚上将要播出的电视节目。首先在＿＿＿＿＿＿是新闻联播。＿＿＿＿＿＿焦点访谈。＿＿＿＿＿＿欢迎各位收看电视连续剧《咱爸咱妈》第六集。＿＿＿＿＿＿为您播出的是第二届全国相声比赛的部分节目。中央电视台晚间新闻报道之后，欢迎您收看《人与自然》节目。23点播送地方台30分钟《＿＿＿＿＿＿》。之后是体育节目《足球世界》。好了，观众朋友，本台今天晚上的节目就为您介绍到这儿，希望节目能陪伴您度过一个愉快的夜晚。下面请您收看新闻联播节目。

Ⅲ　中央电视台将从9月1日起开播《轻松音乐学英语》节目。具体播出时间是：第一套节目＿＿＿＿＿到17点05分首播，第二套节目＿＿＿＿＿到23点重播，每天播出1集，每集＿＿＿＿＿。这个节目选编了10首世界知名的英文歌曲，使学习者一边欣赏歌曲，一边练习发音，学习语法和歌曲语言的表达方式。希望这个节目能帮助您轻松愉快地学好英语。

课文（二）

1. 听后根据课文的内容连线

  周义   想看京剧《四郎探母》

  儿子   想看电视剧

  妻子   想看世界杯足球赛

  爷爷   想看动画片

2. 填空

情景：星期六晚上吃完晚饭以后，周义全家坐在电视机前看电视。

周义：儿子，爸爸跟你商量件事，今天就让爸爸先看。待会儿现场直播＿＿＿＿＿＿，意大利对巴西，关键的一场比赛，你就让爸爸看一次吧。

儿子：我还想看＿＿＿＿＿＿呢。

妻子：你看你，这么大人了，还跟孩子争。儿子，妈支持你，看动画片吧。看完以后，妈妈的＿＿＿＿＿＿就开始了，今天是最后一集，咱们得知道最后的结果，是不是？

周义：不行！今天得听我的，我是一家之主。看足球。

儿子：动画片开始了，你们别说话了。家里就我一个孩子，你们应该让着我。

妻子：好了，看动画片吧。

（爷爷从外面走进来。）

爷爷：几点了？哎哟，坏了！＿＿＿＿＿＿《四郎探母》已经开演了，我可是等了一个下午了。

周义、妻子、儿子：啊？
爷爷：得了，我上老张家看去了。
周义：看来，咱们家得再买三台电视机。
儿子：同意，同意！太好了！

课文(三)

1. 听后根据课文的内容连线

奶奶最爱看的节目　　　　　　　　广告
奶奶每天必看的节目　　　　　　　农村题材的电视剧
奶奶还喜欢看　　　　　　　　　　新闻联播
奶奶也喜欢看　　　　　　　　　　天气预报
奶奶又喜欢上了　　　　　　　　　城市生活的电视剧
奶奶不喜欢看　　　　　　　　　　历史古装电视剧
奶奶最不喜欢看　　　　　　　　　京剧

2. 填空

　　我奶奶今年80岁了。虽然年事已高，但是身体仍然非常健康。她没有什么特别的_____，老了以后爱看电视。每天收看电视节目是她欢度晚年的一项重要的娱乐活动。家里人都知道奶奶最爱看的节目是每天晚上7点整中央电视台的_____。奶奶平时不看报纸，她只是通过看电视台的新闻了解国内外的大事。

　　新闻联播之后的天气预报也是奶奶每天必看的节目，她觉得天气预报非常实用。了解了天气的变化，就可以注意增减衣服，还可以合理地安排_____。

　　奶奶还喜欢看历史古装电视剧，也喜欢看农村题材的电视剧，不喜欢看城市生活的电视剧。奶奶最不喜欢看的是_____，只要一播送广告，她就换别的台。以前，奶奶不太喜欢看京剧，不知道从什么时候开始，她又喜欢上京剧了，有时候还能跟着电视唱几句。

　　奶奶是一个电视迷，每天都要看到_____，她才关上电视机。

课文(四)

1. 听后选择正确答案

　　A　　B　　C　　D

2. 填空

　　1983年以来，中央电视台的_____节目走进了千家万户，逐渐改变了人们过春节的习惯，看电视成了老百姓除夕之夜最重要的娱乐活动。可见，春节晚会办得好不好，已经不仅仅是电视台的事，而是影响到_____的大事了。

　　以前，大年初一人们互相拜年，只是说一些祝福的话。现在，大年初一，人们除了这个老话题以外，常常三句两句就把话题转到_____上来。昨天的晚会哪个节目好，哪个节目一般；哪个演员表演得好，哪个演员表演得不好。大家互相交流看法，有时还会争论几句。

　　为什么老百姓这样喜爱春节晚会呢？因为晚会集中了全国_____和最有民族性的节目，有音乐、舞蹈、歌曲、戏曲、杂技、小品、曲艺等等。满足了各个层次群众的不同的口味，节目的质量很高，趣味性、娱乐性和可视性都很强。

　　现在，人们对春节联欢晚会的要求越来越高。晚会的编导们把能想到的办法都用上了，他们总是提前准备，听取群众的意见，努力把晚会办得越来越好。

课文(五)

1. 听后口头回答问题
2. 填空

　　电视红娘第一次跟观众见面是在_____。当时北京电视台开播了一个新节目《今晚我们相识》，为单身男女提供机会，帮助他们找到理想的伴侣。节目主持人叫杨光，是一位刚刚大学毕业的年轻漂亮的姑娘。她在主持节目的时候，脸上总是带着微笑，再加上节目的内容形式生动有趣，所以很快受到观众的喜爱。不仅青年人喜欢看，而且＿＿＿＿＿＿＿＿。杨光也被人们亲切地称为"电视红娘"。

现在，《今晚我们相识》越办越好，节目内容越来越丰富，走进电视征婚的人越来越多，有年轻人，也有中年人和老年人。电视红娘除了在电视上为大家服务以外，还在周末和节假日组织很多活动，比如舞会、座谈会、参观游览和旅行等等，这可以给＿＿＿＿＿＿＿＿提供更多的见面和互相了解的机会。他们还为恋爱成功者举办集体婚礼。那些获得美满婚姻的夫妇都激动地表示，永远不会忘记电视红娘，不会忘记《今晚我们相识》的全体工作人员。

三 听后练习 After Listening

（一）口头回答问题

（二）讨论
你觉得中国的电视节目怎么样？

四 泛听练习 Extensive Listening

（一）数字电视将代替模拟电视

1. 听后选择正确答案
   A　　B　　C　　D
2. 听后口头回答问题

(二)热门话题讨论

听后选择正确答案

(1) A   B   C   D

(2) A   B   C   D

(3) A   B   C   D

第二课

"Wàngniánjiāo" shì shénme yìsi?
"忘年交"是什么意思?

New Words 生词

1.	内向	（形）	nèixiàng	introvert
2.	羡慕	（动）	xiànmù	to envy, to admire
3.	确指		què zhǐ	specified
4.	考验	（动）	kǎoyàn	to test
5.	勤快	（形）	qínkuai	diligent, hardworking
6.	赌博	（动）	dǔbó	to gamble
7.	丰盛	（形）	fēngshèng	rich, sumptuous
8.	批发	（动）	pīfā	to sell wholesale
9.	角度	（名）	jiǎodù	angle
10.	辩证法	（名）	biànzhèngfǎ	dialectics
11.	承担	（动）	chéngdān	to bear
12.	责任	（名）	zérèn	responsibility
13.	为难	（动）	wéinán	to feel unable to cope with, to feel awkward
14.	密切	（形）	mìqiè	frequent
15.	舍不得		shě bu de	hate to part with or use, grudge
16.	发誓		fā shì	to swear
17.	歉意	（名）	qiànyì	apology

第二课 "忘年交"是什么意思?

一 听前练习　Before Listening

（一）词语练习

听句子，挑出生词并回答问题

（二）句子练习

听句子，判别正误

（1）　　（2）　　（3）　　（4）　　（5）

（6）　　（7）　　（8）　　（9）

二 听时练习　While Listening

课文（一）

1. 听后判别正误

（1）　　（2）　　（3）　　（4）　　（5）

2. 听后口头回答问题

3. 填空

情景：大内一个人坐在校园的长椅上看书，王兰走过来了。

王兰：大内，你怎么一个人在这里？＿＿＿＿＿＿这么好，怎么没跟大家出去玩儿玩儿？

大内：你不是也没出去吗？

王兰：我喜欢安静。

大内：我也是。在这儿看会儿书多好。

王兰：看起来，你跟我差不多，都很＿＿＿＿＿＿，不像艾米那样善于交际。

大内：是啊，我羡慕艾米的交际能力，有那么多朋友，每个星期天都有人约她出去。

王兰：我倒是认为交朋友不在多。中国有句俗话："人生得一知己足矣。"你知道什么意思吗？

大内：人在一生中得到一个知心朋友就可以很满足了，是吧？

王兰：对。

大内：一生中只有一个知心朋友，是不是_____了？

王兰：这里的"一"含有少的意思，不是确指一个。一生中交上一两个真正的知心朋友很不容易了。你想想，从小学、中学到大学的朋友，有几个现在跟你还有联系？

大内：没有。我一出国，以前的朋友都没有_____了。

王兰：是啊。真正的朋友不管你走到哪儿，他都想着你，关心你，而且到永远。

大内：你说得有道理。在遇到困难的时候，有一两个像你这样的朋友来帮助就很满足了。

课文（二）

1. 听后根据课文的内容连线

君子之交淡如水	年纪大的人与年纪轻的人结成好朋友。
忘年交	是不是真正的朋友得经过长时间的了解、考验才能知道。
海内存知己，天涯若比邻	品德高尚的人之间的交往不是为了私利，因此他们的友谊就像水一样清淡。
路遥知马力，日久见人心	知心朋友虽然远在天边，可是却好像邻居那样近。

2. 填空

情景：大内和王兰继续谈交朋友的话题。

大内：我在一本书里看到这样一句话："君子之交淡如水。"我不明白，朋友之间的交往怎么像水一样清淡呢？清淡不是没有_____吗？

王兰：这句话是说：品德高尚的人之间的交往不是为了私利，因此他们的友谊就像水一样清淡。

大内：原来是这样。那咱们之间也可以说是"君子之交淡如水"了。

王兰：当然可以。中国人喜欢交朋友，关于朋友之间的交往，还有很多说法。比如："忘年交"、"海内存知己，天涯若比邻"、"路遥知马力，日久见人心"、"为朋友两肋插刀"、"有朋自远方来，不亦乐乎"等等。

大内："_____"是什么意思？

王兰：忘记了年龄的差别成了很好的朋友，你想这是什么样的人？

大内：我明白了，是说年纪大的人和_____结成好朋友吧？

王兰：对了。"海内存知己，天涯若比邻"是说很远很远的地方有知心朋友，虽然远在天边，可是却好像_____。

大内：这才是真正的朋友。"路遥知马力"，"路遥"和"马力"是人的名字吗？

王兰：不是，"路遥"是路很远的意思，"马力"是马的力气。这句话是说：路途远才知道马的力气大不大；时间长了才知道人的心好不好。就是说，是不是真正的朋友得经过_____的了解、考验才能知道。

课文（三）

1. 听后判别正误

（1）　　（2）　　（3）　　（4）　　（5）　　（6）

2. 听后回头回答问题

3. 填空

情景：王兰给大内讲了一个关于友情的真实故事。

王兰：大内，我给你讲一个真实的故事吧。

大内：是_____什么的？

王兰：你听完就知道了。花文丽和林秀妹是光华村的一对漂亮姐儿。她们从小学就是好朋友。花文丽比林秀妹大_____岁。她处处像大姐姐一样关心照顾林秀妹。高中毕业以后，她们_____结了婚。花文丽嫁给一个医院的大夫，林秀妹嫁给一个商店的经理。花文丽的丈夫又老实又勤快，家务活总是抢着干，他们的日子过得非常幸福。没想到结婚才一年花文丽的丈夫就_____了。

大内：她真够不幸的。后来她又结婚了吗？

王兰：村子里好多人给她介绍对象，她说："不着急，我要找一个条件合适的人。"再说林秀妹，她的丈夫庄德又抽烟又喝酒，还常常赌博。输了钱回家就跟老婆吵架。林秀妹没有办法，只好跟他离了婚。庄德离婚以后没人给他做饭、洗衣服，一个人非常_____。有一天一个邻居跟他开玩笑，说："花文丽对你有意思，说不定爱上你了。"庄德听了信以为真，第二天就去找花文丽。花文丽对他说："你不是想结婚吗？那得答应我3个条件：一不抽烟，二不喝酒，三不赌博。每个月把工资都交给我。"庄德说："别说3个条件，就是_____个条件我也答应。"

大内：后来呢？

王兰：后来，庄德真的一支烟不抽，一口酒不喝，再也不去赌博，而且每个月把工资都交给了花文丽。半年以后，庄德提出要跟花文丽结婚。花文丽说："你明天来吧，明天我请你吃饭，谈谈你结婚的事。"庄德很高兴，第二天来到花文丽的家。看见桌子上摆满了丰盛的饭菜，还_____筷子。庄德很奇怪，两个人吃饭，为什么放3双筷子呢？另一位客人是谁？这时，花文丽从里边的房间里请出一个人来，庄德一看，正是自己以前的妻子林秀妹。原来，林秀妹知道庄德把坏毛病都改了，在花文丽的劝说下就原谅了他，同意跟他复婚。庄德想起以前做的事情，觉得太对不起林秀妹，眼泪一下子就流了出来。花文丽把庄德给她的_____块钱交给林秀妹。吃完饭，花文丽陪着林秀妹和庄德高高兴兴地去办复婚手续去了。

大内：这个花文丽真够朋友。

课文(四)

1. 听后判别正误
   （1）　　　（2）　　　（3）　　　（4）　　　（5）
2. 听后口头回答问题
3. 填空

情景：金汉成去上海旅行的时候把钱包丢了，钱包里除了钱以外，还有护照和学生证。他回到北京一个星期以后，一位好心人把他的钱包寄来了。

方云天：听说你在上海丢了钱包，是哪位_____给你寄回来了？

金汉成：你看，这是他给我的信，最后只写了"你的中国朋友"几个字。我正想请教你，怎么才能找到这位中国朋友，找到以后是不是应该给他寄去一些钱，向他表示感谢呢？

方云天：你可千万别这样做，既然他把你看作朋友，就绝对不会是为了钱。

金汉成：我真有福气，遇到了这样一位_____。

方云天：对了，你将来不是要经商吗？我给你讲一个《友情和金钱》的故事吧。

金汉成：这个故事跟我有关系吗？

方云天：我想听听你对这个故事的看法。

金汉成：好吧。我练习练习听力。

方云天：有两个人，一个叫吕新，一个叫石正保。他们俩中学的时候是非常要好的朋友，吃喝不分，形影不离。中学毕业以后，吕新考上了大学，石正保没考上大学去做生意。两个人见面的_____少了，可是还常常打个电话，问候问候。有一天，吕新去石正保那儿，看见石正保正在进货，说："这手机不错。"石正保告诉他这是名牌货，质量很好。批发价才360块。吕新说："给我来一个怎么样？"石正保想了想说："拿到柜台上卖，至少400块。你给400吧。"吕新没想到，他们是好朋友，石正保还赚他40块，真是认钱不认人了。于是很_____地走了。

金汉成：我觉得吕新没有必要生气。友情是友情，买卖是买卖。他应该理解石正保是商人，当然应该赚钱。

方云天：你要是石正保也赚朋友的钱吗？

金汉成：刚才是从吕新的角度说。我要是石正保，就送给他一个手机，或者按批发价给他。从石正保的角度来说，应该友情重于_____。

方云天：行，你还挺懂得辩证法。

三 听后练习　After Listening

（一）再听一遍课文（一）至课文（四），然后根据课文的内容，从A、B中选择大内应该说什么

1.　A　　　B
2.　A　　　B
3.　A　　　B

（二）口头回答问题

四 泛听练习　Extensive Listening

（一）铁哥儿们

听后判别正误

（1）　　（2）　　（3）　　（4）　　（5）

（二）好姐儿们

听后判别正误

  （1） （2） （3） （4） （5） （6）

（三）实在的老年

听后判别正误

  （1） （2） （3） （4） （5）

（四）聚会

听后判别正误

  （1） （2） （3） （4）

第三课

Yǒu míngtiān de wòpù piào ma?
有 明天 的卧铺票 吗?

New Words 生词

1.	售票		shòu piào	sell tickets
2.	大厅	(名)	dàtīng	hall
3.	卧铺	(名)	wòpù	sleeping berth, sleeper
4.	硬卧	(名)	yìngwò	hard sleeper
5.	软卧	(名)	ruǎnwò	soft sleeper
6.	列车	(名)	lièchē	train
7.	上铺	(名)	shàngpù	upper berth
8.	中铺	(名)	zhōngpù	middle berth
9.	下铺	(名)	xiàpù	lower berth
10.	暑假	(名)	shǔjià	summer vacation
11.	站台票	(名)	zhàntáipiào	platform ticket
12.	候车	(动)	hòuchē	wait for a bus or train
13.	电子	(名)	diànzǐ	electron
14.	问讯处	(名)	wènxùnchù	information office
15.	顺序	(名、副)	shùnxù	order; in turn
16.	钩	(名)	gōu	hook

17. 开通	（动）	kāitōng	to open
18. 接发		jiē fā	to arrive and leave
19. 宽敞	（形）	kuānchǎng	spacious
20. 齐全	（形）	qíquán	complete
21. 货车站	（名）	huòchēzhàn	goods train station

一 听前练习　Before Listening

（一）词语练习

　　听句子挑出生词并回答问题

（二）句子练习

　　1.听对话，根据对话内容接着把B的话说完

　　　（1）B：正好，我……

　　　（2）B：是你们啊？没想到……

　　　（3）B：怎么不去西直门火车站买。干吗跑……

　　　（4）B：别去国际候车室，那儿都是外国人，咱们还是……

　　　（5）B：别着急，……

　　　（6）B：不用了，……

　　2.听句子，口头回答问题

二 听时练习　While Listening

课文（一）

1.听后快速口头回答问题

2. 填空

情景：山本和大内在北京站售票大厅买票。

山　本：小姐，我买两张去＿＿＿＿＿＿的卧铺票。

售票员：哪天的？

山　本：明天的有吗？

售票员：硬卧有两张，软卧没有了。

山　本：正好，我就想买硬卧，不想买软卧。是＿＿＿＿＿＿特快吗？有没有空调？

售票员：是。特快列车都有空调。给你，一张上铺，一张中铺，一共＿＿＿＿＿＿块。

山　本：给您钱。几点发车？

售票员：明天早上＿＿＿＿＿＿。

山　本：后天中午到桂林吧？

售票员：对，＿＿＿＿＿＿。＿＿＿＿＿＿块，找你＿＿＿＿＿＿块。

山　本：谢谢。

课文（二）

1. 听后快速口头回答问题
2. 填空

情景：山本和大内刚从售票大厅出来遇见了丁兰。

大内：山本，你看，那不是丁兰吗？丁兰——

丁兰：是你们啊？没想到在这儿碰见你们俩。

大内：放暑假了，你也去＿＿＿＿＿＿吗？

丁兰：不是，我来接人。我叔叔和婶子今天到北京，在这儿玩儿几天。你们去哪儿旅行？

山本：桂林，昆明。我们今天来买火车票。

丁兰：怎么不在学校旁边的售票处买？干吗跑到这么远的地方来呀？

山本：我们公司的一位同事从日本来了，就住在对面的国际饭店，我跟他有个_____。

丁兰：票好买吗？

大内：不好买。我们8点半来的，现在都9点20了。

丁兰：你们现在去哪儿？

山本：我去国际饭店，她回学校。

大内：反正我回学校也没什么事，丁兰，我陪你去接人吧。

丁兰：行，待会儿咱们_____回学校。山本，你去忙你的吧。

山本：好，再见！

丁兰：再见！大内，北京站你进去过吗？

大内：没有。

丁兰：咱们先去买站台票，我带你在_____转转。

课文（三）

1. 听后快速口头回答问题
2. 填空

情景：丁兰和大内买好站台票，进入北京站候车大厅。

大内：今天我第一次来这儿。

丁兰：是吗？我来过很多次了。咱们先看看电子屏幕。

大内：你叔叔坐的是多少次列车？

丁兰：18次。你看，从哈尔滨来的18次列车_____到达，进第_____站台。

大内：还有半个小时。

丁兰：咱们先在这儿转转。

大内：这里边人真多。咱们去第五站台怎么走？

丁兰：你看，那是问讯处。你想去什么地方要是不知道怎么走可以去问讯处问问。那边是国际候车室，你们外国人可以直接去那儿等候上车，不用跟别人一起挤来挤去。你看，那里还有母子候车室，带小孩儿的母亲可以去那儿等候。

大内：我们去桂林在＿＿＿＿＿＿上车，那儿也有国际候车室吗？

丁兰：有。

大内：厕所在哪儿？你知道吗？

丁兰：我看看，在那儿。

大内：你去不去？

丁兰：你去吧，我在这儿等你。你有零钱吗？

课文(四)

1. 听后快速口头回答问题
2. 填空

情景：山本和大内来到北京西客站。

大内：现在时间还早，咱们先去国际候车室休息一会儿。

山本：别去国际候车室了，那儿都是外国人。咱们还是跟中国人在一起吧。

大内：那在第几候车室候车？

山本：看看电子屏幕。你看，在第＿＿＿＿＿＿候车室。

大内：第六候车室在哪儿？一、二、三、四，第＿＿＿＿＿＿候车室可能在楼上。

山本：走，上电梯。

大内：在那儿。咱们先找个椅子坐下吧。

山本：好，行李放这儿吧。你看着东西，我去买点儿＿＿＿＿＿＿。

广播：各位旅客请注意：开往＿＿＿＿＿＿方向的＿＿＿＿＿＿次列车现在开始检票了，请旅客们排好队，不要拥挤，顺序通过检票口。

大内：山本，快点儿，开始检票了。

山本：别着急。咱们跟着往前走就行了。

课文(五)

1. 听后快速口头回答问题
2. 填空

情景：山本和大内进站后找他们的车厢。

大　内：请问，_____号车厢在哪儿？

列车员：前边，往前走。

山　本：这是_____号，是餐车。还得往前。

大　内：等等我。

山　本：你拿不动了吧？我帮你提这个包。

大　内：不用了，前边就到了。对不起，请让一让。

山　本：到了，这就是_____号车厢。

大　内：真不容易，我都快累死了。上去吧。

山　本：咱们是1号上铺和中铺。你在上边还是下边？

大　内：上边，上边安静。

山　本：行，我在下边。这儿离厕所很近，夜里上厕所很方便。

大　内：你先帮我把箱子放在行李架上。

山　本：你的箱子太重了，放在卧铺下边吧。把旅行袋放在行李架上。

大　内：书包挂在这儿行吗？

山　本：不行，那是衣帽钩，不能挂重的东西。给我，也放在行李架上。

大　内：小姐，餐车几点开饭？

列车员：午饭11点半到_____，晚饭17点到_____。你们知道餐车在哪儿吗？

山　本：知道，在_____号车厢。

三 听后练习　After Listening

（一）再听一遍课文（一）至课文（四）

1. 听后根据课文的内容连线

开往南宁的T5特快列车发车的时间　　10：10

到达桂林的时间　　11：30～13：00

山本和大内买车票　　72块钱

18次列车到达北京的时间　　17：00～19：30

餐车午饭时间　　第二天11：30

餐车晚饭时间　　9：05

售票员找给山本　　9号车厢

餐车车厢　　5号车厢

山本和大内的车厢　　花了50分钟

2. 听后根据课文的内容连线

餐车　　买票

售票大厅　　上车

候车大厅　　吃饭

站台　　问路

问讯处　　等车

国际候车室　　检票

母子候车室　　外国人在这儿等候上车

检票口　　带小孩的母亲在这儿等车

（一）口头回答问题

四　泛听练习　Extensive Listening

（一）坐火车的是我

听后选择正确答案

　　（1）A　　　　B　　　C

　　（2）A　　　　B　　　C

（二）北京的火车站

听后选择正确答案

　　（1）A　　　　B　　　C　　　D

　　（2）A　　　　B　　　C　　　D

　　（3）A　　　　B　　　C　　　D

　　（4）A　　　　B　　　C　　　D

第四课

Nǐ zuìjìn máng shénme ne?
你最近忙什么呢?

New Words 生词

1. 软件　　（名）　　ruǎnjiàn　　(of computers) software
2. 熟练　　（形）　　shúliàn　　skillful, very practiced
3. 户口　　（名）　　hùkǒu　　register of households
4. 录用　　（动）　　lùyòng　　to employ
5. 应聘　　（动）　　yìngpìn　　to respond applications for a job
6. 诚恳　　（形）　　chéngkěn　　sincere, honest
7. 狂妄　　（形）　　kuángwàng　　outrageously conceited
8. 开朗　　（形）　　kāilǎng　　optimistic
9. 端庄　　（形）　　duānzhuāng　　dignified sedate
10. 意图　　（名）　　yìtú　　intention, intent
11. 礼仪　　（名）　　lǐyí　　etiquette, protocol
12. 校刊　　（名）　　xiàokān　　school newspaper
13. 福利　　（名）　　fúlì　　well-being, welfare
14. 待遇　　（名）　　dàiyù　　treatment
15. 素质　　（名）　　sùzhì　　quality
16. 惊叹　　（动）　　jīngtàn　　to marvel at, to wonder at

17. 发慌		fā huāng	to feel nervous
18. 前途	(名)	qiántú	future, prospect
19. 过程	(名)	guòchéng	course

一 听前练习　Before Listening

（一）词语练习

  1. 听句子挑出生词

  2. 听句子，根据句意猜老师指出的词语的意思

（二）句子练习

  听句子，口头回答问题

二 听时练习　While Listening

课文（一）

1. 听后口头回答问题
2. 听后选择正确答案

  A B C D

3. 填空

  情景：王才在宿舍楼门口遇见丁兰，跟她谈一条招聘广告。

  王才：丁兰，昨天的《北京晚报》你看了吗？

  丁兰：没看。有什么重要新闻吗？

  王才：重要新闻倒没有，上面有一条招聘_____，你应该看看。

  丁兰：你的报纸呢？给我看看。

  王才：刚才让方云天借走了。大概的内容我记住了，我给你说说吧。

丁兰：是什么公司？

王才：力迈公司。

丁兰：力迈公司？没听说过。

王才：这是一家美国的独资公司，是专门从事电脑软件技术研究和开发的企业。他们说，为了适应今后在北京的业务发展，要招聘一些工作人员。

丁兰：都招聘什么人？

王才：有5名推销员、1名高级秘书。我觉得_____挺适合你。

丁兰：是吗？

王才：他们的条件是：女性，30岁以下，大学本科，英语专业，英语要求流利、熟练。对了，还有，他们说，能够熟练使用现代办公设备的，优先考虑。

丁兰：这些我都没有问题。还有别的条件吗？

王才：他们要求有北京的_____。这你也没问题。

丁兰：怎么跟他们联系？

王才：把你的简历、学历、身份证的复印件和两张照片，还有通讯地址、电话号码，15号以前寄到建国门外大街20号力迈公司办事处。

丁兰：是不是还得去北京市外国企业服务总公司办手续？

王才：对。不过，那是录用以后的事。我看你的_____不错，去应聘没准儿能成。

课文（二）

1. 听后口头回答问题
2. 听后选择正确答案

   A   B   C   D

3. 填空

情景：丁兰在食堂遇见山本，他们谈起找工作的问题。

山本：丁兰，你最近忙什么呢？我好久没看见你了。

丁兰：忙什么？ ＿＿＿＿＿＿呗。

山本：找得怎么样了？

丁兰：前天我去一家美国公司应聘，第一关笔试通过了，下星期还要过面试这一关。

山本：面试你没问题。

丁兰：不一定。昨天王才跟我谈了他两次去公司面试的情况，我心里直打鼓。

山本：怎么回事？

丁兰：王才第一次面试，那个外国老板问他："我需要一名翻译，你有能力干好吗？"他说："尽管我的日语水平不高，但我可以＿＿＿＿＿＿。"

山本：这么说哪儿行？结果吹了吧？

丁兰：可不是。

山本：你们中国人总是太谦虚，不会推销自己。那第二次呢？

丁兰：他把自己夸奖了一顿，人家又说他太骄傲，不能跟同事们搞好关系。也没成功。

山本：看来王才真是不会推销自己，推销自己是一门＿＿＿＿＿＿，也是一门＿＿＿＿＿＿。这样吧，我有个朋友田中，是日本一家公司驻北京办事处的代表，他们公司每次招聘，他都是主考官。请他给你介绍介绍＿＿＿＿＿＿怎么样？

丁兰：那太好了。

课文（三）

1. 听后口头回答问题
2. 听后选择正确答案

    A   B   C   D

3. 填空

    情景：在山本的宿舍，田中给丁兰介绍面试的经验。

    丁兰：田中先生，面试的时候要注意哪些问题？

田中：首先要有_____。如果你认为这个工作很适合你，就要把适合你的原因用简单的话说清楚。让人觉得这个工作你一定能干好。当然，说话要实事求是，态度还要诚恳，既要表现出自信，又不能让人觉得你很狂妄。狂妄的人很难跟同事搞好关系。

丁兰：一般来说，你们喜欢什么性格的人？

田中：有的工作适合性格开朗的人，有的工作需要性格内向的人，这是不一定的。不管性格怎么样，对人都要真诚、_____。在回答问题的时候，要看着对方的眼睛，不要东张西望，也不要低着头。特别是女孩子，要注意克服不敢看着对方的毛病。

丁兰：我也有你说的毛病，以后得注意。

田中：面试是你跟老板第一次见面，给别人的第一个印象非常重要。除了说话、表情以外，衣着方面也要注意。男士最好穿西服，打领带；女士要穿得体的服装，可以化淡妆，让人看上去_____。

丁兰：面试考外语吗？你们对外语的要求是不是很高？

田中：当然很高。特别是高级秘书，必须有很好的听说读写的能力。在外国公司工作，要接电话，要跟老板交谈，要看得懂外文信件、短信，还要把老板的意图用外文记录下来。外文水平不高怎么行呢？

丁兰：面试合格以后就能成为公司的职员吗？

田中：一般来说要有3个月的试用期，在试用期里，老板要_____考察，合格以后才能成为公司的正式职员。

山本：二位别只顾说话，喝点儿咖啡吧。

课文（四）

1. 听后口头回答问题
2. 听后选择正确答案

   A　　B　　C　　D

3. 填空

   情景：丁兰参加面试。

第四课　你最近忙什么呢？

考官：小姐，你好！

丁兰：您好，先生！

考官：欢迎你来我们公司应聘。

丁兰：谢谢。

考官：请你做一下自我介绍。

丁兰：好。我叫丁兰，是北京语言大学英语系的学生，今年7月毕业。大学期间除了英语以外，我还选修了国际贸易、高级文秘、礼仪学等课程。

考官：你有什么＿＿＿＿＿＿＿＿吗？

丁兰：我爱好音乐、书法，喜欢打网球，在学校当过播音员、校刊记者。

考官：请你谈谈对本公司的了解。

丁兰：贵公司是美国在北京的一家独资公司，是专门从事电脑软件技术研究和开发的企业。听说公司管理＿＿＿＿＿＿＿＿，工作效率很高，比较重视对职员的培训和提高，工作条件和福利待遇也比较好。我相信在贵公司老板的领导下工作，能充分发挥自己的才能，为公司多作贡献。

考官：你想应聘哪方面的工作？

丁兰：我想应聘高级秘书的工作。我认为秘书是一项很重要的工作，能够全面了解公司的业务情况，接触很多人。在老板身边工作能够直接向老板学习，提高我各方面的素质。我的性格比较开朗，＿＿＿＿＿＿＿＿，能和同事搞好关系。大学期间我经常用英语写文章。假期打工，我曾经在一家公司当过秘书，有一定的经验。我还能熟练地使用电脑。您看，这是我的简历，一份中文的，一份英文的。

考官：不错。后天下午两点，你再来一次，我们详细谈谈。这是我的名片。

丁兰：谢谢。我可以走了吗？

考官：可以。再见！

丁兰：再见！

三 听后练习 After Listening

（一）口头回答问题

（二）再听一遍课文（一）至课文（四），听后选择正确答案

1. A　B　　　2. A　B　　　3. A　B
4. A　B　　　5. A　B　　　6. A　B
7. A　B

四 泛听练习 Extensive Listening

（一）二加二等于几

1. 听后判别正误

（1）　（2）　（3）　（4）　（5）　（6）

2. 听后选择正确答案

A　　　B

（二）察言观色

听后选择正确答案

（1）A　　　B

（2）A　　　B

（三）诚实是真

听后判别正误

（1）　（2）　（3）　（4）

（5）　（6）　（7）　（8）

（四）你是彼得的学生

听后选择正确答案

A　　　　B　　　　C　　　　D

（五）谁被录取了？

听后选择正确答案

A　　　　B　　　　C

第五课

Bùlǎng xiānsheng zuò shénme shēngyi?
布朗 先生 做 什么 生意?(1)

New Words 生词

1.	光临	（动）	guānglín	presence (of a guest, etc.)
2.	时差	（名）	shíchā	jet lag
3.	日程	（名）	rìchéng	schedule
4.	签订	（动）	qiāndìng	to sign
5.	协议	（名）	xiéyì	agreement
6.	想必	（副）	xiǎngbì	presumably
7.	样品	（名）	yàngpǐn	sample (products), specimen
8.	批量	（名）	pīliàng	batch (of products)
9.	销路	（名）	xiāolù	sale, market
10.	占领	（动）	zhànlǐng	to capture, to occupy
11.	折中	（动）	zhézhōng	to compromise
12.	方案	（名）	fāng'àn	proposal
13.	赔本		péi běn	to run (a business) at a loss
14.	行情	（名）	hángqíng	price quotations
15.	确认	（动）	quèrèn	to affirm
16.	测量	（动）	cèliáng	to measure
17.	潜力	（名）	qiánlì	potential

第五课　布朗先生做什么生意？(1)

18. 结论	（名）	jiélùn	conclusion, verdict
19. 称职	（动）	chènzhí	to be competent at one's job
20. 武器	（名）	wǔqì	weapon

一　听前练习　Before Listening

（一）词语练习

听句子挑出生词

（二）句子练习

1. 听句子，口头回答问题
2. 模仿例句完成句子

（1）北京优胜公司丁先生在首都机场迎接美国力迈公司布朗先生及其一行。

旅游公司的张先生……

北京语言文化大学校长……

美国优胜公司的布朗先生……

（2）我代表公司向诸位表示热烈欢迎。

我代表……

我代表……

我代表……

（3）我们这次来北京，一方面代表公司对你们几年来的照顾表示感谢，另一方面想跟贵公司签订几项进出口协议。

我们这次来贵校访问……

我们这次来中国访问……

我们这次去西安旅行……

（4）我们临时提出增加进口数量，给贵公司增添了麻烦，实在不好意思。

　　我们临时提出……

　　我们临时提出……

　　我们临时提出……

3. 听对话，从B1和B2中选择B应该说什么

（1）B1　　　B2

（2）B1　　　B2

（3）B1　　　B2

（4）B1　　　B2

（5）B1　　　B2

二 听时练习　While Listening

课文（一）

1. 听后判别正误

（1）　　（2）　　（3）　　（4）　　（5）

2. 下面的话各是谁说的？请在每句话前边的横线上写出A、B、C（A—布朗，B—丁力，C—安娜）

_____：我代表公司向诸位表示热烈欢迎。

_____：认识您我也很高兴。

_____：是吗？要不要请大夫看看？

_____：一下飞机好多了，不用了。谢谢您的关心。

_____：在王府井南口，那儿环境不错。

3. 填空

情景：北京优胜公司的丁力先生在首都机场迎接美国力迈公司布朗先生及其一行。

丁力：你们好！欢迎＿＿＿＿＿＿到北京来。

安娜：谢谢！您是丁力先生吧？

丁力：我是丁力，优胜公司的公关经理。这是我的名片。

安娜：我来介绍一下。这位是我们代表团的团长布朗先生。这位是副团长史密斯先生。这位是马克先生。这位是查理先生。我叫安娜，是布朗先生的秘书。

丁力：我代表公司向诸位表示热烈欢迎！

布朗：谢谢！认识您很高兴。

丁力：认识您我也很高兴。一路上还顺利吧？

布朗：很顺利。飞机从纽约＿＿＿＿＿＿北京。

安娜：布朗先生有点儿感冒。

丁力：是吗？要不要请大夫看看？

布朗：一下飞机好多了，不用了。谢谢您的关心。

丁力：不客气。按照您的要求，你们的住处安排在北京饭店，晚上好好休息一下。

布朗：谢谢。北京饭店在什么位置？

丁力：在市中心，离天安门很近。

安娜：在王府井南口，那儿的＿＿＿＿＿＿不错。

布朗：谢谢您的关照。

丁力：好。请大家上车吧。

课文（二）

1. 听后判别正误

　　(1)　　　(2)　　　(3)　　　(4)　　　(5)

2. 下面的话是谁说的？请在每句话前边的横线上写出 A、B（A—布朗，B—程大年）

　　＿＿＿＿：谢谢总经理先生和赵先生、罗先生光临。

　　＿＿＿＿：休息得很好，饭店的服务很周到。

＿＿＿＿：时差转过来了吗？
　　　＿＿＿＿：还好，已经转过来了。
　　　＿＿＿＿：哪里，哪里，马马虎虎吧。
　　　＿＿＿＿：那可得在北京多住些天。
　　　＿＿＿＿：我们也正有此意。几年来，我们一直合作得很好，希望今后合作得更好。

3. 填空

　　情景：第二天，北京优胜公司总经理程大年在北京饭店会见布朗先生。

丁　力：布朗先生，这位是我们优胜公司的总经理程大年先生，这两位是业务处赵丰先生和罗林先生。这位漂亮的小姐是公司的秘书，她叫韩梅。

布　朗：谢谢总经理先生和赵先生、罗先生＿＿＿＿＿＿＿＿。

程大年：欢迎布朗先生来到北京。怎么样，昨天休息得好吗？

布　朗：谢谢。休息得很好，饭店的服务很周到。

程大年：＿＿＿＿＿＿＿转过来了吗？

布　朗：还好，已经转过来了。

程大年：布朗先生的汉语说得很流利。

布　朗：哪里，哪里，马马虎虎吧。

程大年：布朗先生是第一次来北京吗？

布　朗：是第一次。

程大年：那可得在北京多住些天。北京有很多名胜古迹，应该去看看。小丁，布朗先生他们的活动日程安排好了吗？

丁　力：安排好了。今天下午和明天会谈，后天我陪他们游览故宫和长城。

程大年：很好。布朗先生，您在这里有什么＿＿＿＿＿＿＿，可以随时告诉小丁。

布　朗：谢谢。我们这次来北京，一方面代表公司对你们几年来的照顾表示感谢，另一方面想跟贵公司签订几项进出口协议。

程大年：我们也正有此意。几年来，我们一直合作得很好，希望今后合作得更好。

布　朗：这也是我们的愿望。

课文（三）

1. 听后判别正误

　　（1）　　（2）　　（3）　　（4）　　（5）　　（6）

2. 下面的话是谁说的？请在每句话前边的横线上写出 A、B（A—程大年，B—布朗）

　　_____：昨天我们已经达成了两项协议，今天我们先讨论一下进口家电的问题好吗？

　　_____：半个月前，我们发给贵公司的传真想必收到了吧？

　　_____：韩小姐，你把这些样品送到检验科，让他们做一下质量鉴定。

　　_____：下面谈谈进口大米的问题，程先生，您看怎么样？

　　_____：关于大米出口的问题请罗先生谈谈吧。

3. 填空

　　情景：优胜公司的代表程大年、赵丰、丁力、韩梅和力迈公司的代表布朗、史密斯、马克、查理、安娜在优胜公司会议室会谈。

　　程大年：昨天我们已经达成两项协议。布朗先生，今天我们先讨论一下进口家用电器的问题好吗？

　　布　朗：好。半个月以前我们发给贵公司的传真想必收到了吧？

　　程大年：收到了。但是我们对产品的_____还不太清楚。

　　马　克：这是我们带来的说明书，请过目。

　　赵　丰：谢谢。我们能否看看样品，根据样品的情况才能决定是不是进口。

　　马　克：没问题。样品我们已经带来了，现在就可以看。

　　程大年：那好。韩小姐，你把这些样品送到检验科，让他们做一下质量鉴定。

　　韩　梅：好。

　　程大年：这个问题我们下午再谈，好不好？

布　朗：行。下面谈谈进口＿＿＿＿＿＿的问题，程先生，您看怎么样？

程大年：好。关于大米出口的问题请罗先生谈谈吧。

罗　林：贵公司原来计划进口的大米，我们已经准备好了。你们临时提出增加的大米不太好办。

查　理：我们临时提出增加进口数量，给贵公司增添了麻烦，实在不好意思。可是这批货是一个客户急需的。请你们再想想办法。

罗　林：我们很愿意帮助你们，不过在这么短的时间内，是无论如何也……

查　理：要是延长10天呢？

罗　林：延长半个月吧。这样我们就有＿＿＿＿＿＿了。

查　理：行，半个月。太谢谢你们了。

课文（四）

1. 听后判别正误

　（1）　　　（2）　　　（3）　　　（4）
　（5）　　　（6）　　　（7）

2. 下面的话是谁说的？请在每句话前边的横线上写出 A、B、C、D（A—马克，B—赵丰，C—程大年，D—布朗）

　＿＿＿＿：你们提出具体方案，我们可以按照贵公司的要求改进。

　＿＿＿＿：你们报价太高了。我们批量进口，在价格上再优惠一些吧。

　＿＿＿＿：我们的产品都是名牌，质量是最好的。

　＿＿＿＿：这样吧。按照现在的报价，再打九折。

　＿＿＿＿：九折还是太高，七五折怎么样？

　＿＿＿＿：我了解国际市场的行情，七五折你们是不会赔钱的。

　＿＿＿＿：按照现在的报价再打八折，进口数量增加百分之十。

　＿＿＿＿：老实说，这个价格我们还是觉得贵了一些，但是为了我们的友谊，为了今后更好地合作，就这样决定了吧。

3. 填空

　情景：下午，优胜公司的程大年、赵丰、丁力、韩梅和力迈公司的布

第五课 布朗先生做什么生意?(1)

朗、史密斯、马克、查理、安娜在优胜公司会议室继续会谈。

马　　克：赵先生，你们对家用电器的质量满意吗？

赵　　丰：质量我们已经检测过了，没有什么问题。只是_____不太好，能不能改进一下？

马　　克：这没有问题。你们提出具体方案，我们可以按照贵公司的要求改进。

赵　　丰：还有，你们报价太高了。我们批量进口，在价格上再优惠一些吧。

马　　克：考虑到我们一直合作得很好，给你们的报价已经是_____了。

赵　　丰：上个星期日本一家公司跟我们有过接触，他们也出口这样的家用电器，可报价比你们低得多。

马　　克：我们的产品都是名牌，质量是最好的。

赵　　丰：日本的产品也都是名牌，在中国市场销路很好。我们第一次进口你们的产品，要是不能在价格上优惠，你们的产品很难打入并且占领中国的市场。

马　　克：这样吧。按照现在的报价，再打_____。

赵　　丰：九折还是太高，七五折怎么样？

马　　克：不行，不行。七五折我们就赔钱了。

布　　朗：我提一个折中的方案：八五折。我希望我们的产品进入中国市场，但也不能做赔本的生意吧。

程大年：我了解国际市场的行情，七五折你们是不会赔钱的。布朗先生，我也提一个折中的方案，八折怎么样？你们可以再多赚一点儿。

布　　朗：八五折，不能再低了。

程大年：要是你们同意八折，我们增加一些进口数量。

布　　朗：好吧，按照现在的报价再打八折。进口数量增加_____。这样可以吧？

程大年：老实说，这个价格我们还是觉得贵了一些，但是为了我们的友谊，为了今后更好地合作，就这样决定了吧。

三 听后练习　After Listening

（一）请你按照听到的内容的顺序，在下列各图的下面写序号，并给每张图加上一个题目

（　　）　　　　　　　　（　　）

（　　）　　　　　　　　（　　）

（二）请你按照所给的题目，讲出四段课文的主要内容

1. 丁力在首都机场。
2. 程大年在北京饭店。
3. 优胜公司与力迈公司双方代表在优胜公司会议室。
4. 优胜公司与力迈公司就家电的价格问题进行谈判。

四 泛听练习　Extensive Listening

（一）丁力在机场迎接三木

听后判别正误

　（1）　　　（2）　　　（3）　　　（4）　　　（5）

（二）考察

听后选择正确答案

　A　　　B

（三）安排会见

听后选择正确答案

　A　　　B　　　C　　　D

（四）握手的习惯

听后选择正确答案

　A　　　B　　　C　　　D

第六课

Bùlǎng xiānsheng zuò shénme shēngyi?
布朗 先生 做 什么 生意？(2)

New Words 生词

1. 设	（动）	shè	to give (a banquet or a dinner)
2. 接风	（动）	jiēfēng	to give a dinner for a visitor from afar
3. 洗尘	（动）	xǐchén	to give a dinner of welcome
4. 率	（动）	shuài	to lead
5. 同仁	（名）	tóngrén	colleague
6. 领教	（动）	lǐngjiào	a polite way of asking for advice of showing appreciation of sb.'s performance
7. 爽快	（形）	shuǎngkuài	frank, straightforward
8. 谈判	（动）	tánpàn	to negotiate, to hold talks
9. 签署	（动）	qiānshǔ	to sign
10. 成交		chéng jiāo	to strike a bargain, to close a business
11. 草拟	（动）	cǎonǐ	to draft (documents)
12. 董事长	（名）	dǒngshìzhǎng	chairman of the board
13. 包涵	（动）	bāohan	to be tolerant towards

第六课　布朗先生做什么生意？(2)

14. 决斗	（动）	juédòu	to fight a duel to the death
15. 盛	（动）	chéng	to dish out
16. 讨饭		tǎo fàn	to beg for food
17. 禁忌	（名）	jìnjì	taboo
18. 丧事	（名）	sàngshì	funeral arrangements
19. 高雅	（形）	gāoyǎ	elegant; refined

一　听前练习　Before Listening

（一）词语练习

　　1. 听句子挑出生词

　　2. 听句子，根据句意猜老师指出的词语的意思

　　　（1）美国总统对中国的访问达到了目的，取得了<u>圆满</u>的成功。

　　　（2）今天的晚宴非常丰盛，感谢你们的热情<u>款待</u>。

　　　（3）你们公司有这么多优秀的人才，真是<u>人才济济</u>。

　　　（4）这么多优秀的人才都在你们的公司工作，你们这里真是<u>藏龙卧虎</u>的地方啊。

（二）句子练习

　　1. 模仿例句完成句子

　　　（1）今天我们公司总经理程大年先生在这里设便宴为诸位接风洗尘。

　　　　　今天我……接风洗尘。

　　　　　我们打算明天在鸿宾楼……接风洗尘。

　　　（2）请允许我代表中国优胜公司向诸位表示热烈欢迎。

　　　　　请允许我代表速成学院全体师生向……

55

请允许我代表香港中文大学向……

(3) 我相信布朗先生的这次访问一定能获得圆满成功。

我相信来我院学习的各位同学一定……

我相信，这次奥运会一定……

(4) 让我们举杯，为在座各位的健康干杯。

让我们举杯，为……干杯。

让我们举杯，为……干杯。

让我们举杯，为……干杯。

(5) 借此机会，我代表力迈公司总经理向贵公司赠送一点儿小礼物。

借此机会，我代表……

借此机会，我想向您……

借此机会，我可以……

2. 听句子，口头回答问题

二　听时练习　While Listening

课文（一）

1. 听后口头回答问题
2. 填空

情景：程大年总经理为布朗先生一行举行欢迎宴会。优胜公司参加宴会的有程大年、赵丰、罗林、丁力和韩梅。力迈公司参加宴会的有布朗、史密斯、马克、查理和安娜。

丁　力：各位请入席。

程大年：请坐，诸位请坐。

丁　力：今天，我们公司总经理程大年先生在这里设晚宴为诸位＿＿＿＿＿＿＿＿。首先让我介绍一下在座的各位嘉宾。这位是美国力迈公司代表团团长布朗先生，这位是副团长史密斯先生，这位是马克先生。这位是查理先生，这位是安娜小姐。今天优胜公司参加宴会的有总经理程大年先生，业务处的赵丰先生和罗林先生，这位是韩梅小姐，我叫丁力。下面请程大年总经理讲话。

程大年：尊敬的布朗先生，尊敬的史密斯先生和在座的各位女士和先生：请允许我代表中国优胜公司向诸位表示热烈的欢迎！美国力迈公司同我们优胜公司有着长期的友好合作关系，为中美两国的贸易做出了重要的贡献。今天，布朗先生又率代表团来我国访问，还要同我们签订一些贸易协定。我相信，布朗先生的这次访问一定能够获得_____。让我们举杯，为在座各位的健康，为我们的友好合作，干杯！

大　家：干杯！

丁　力：请布朗先生讲话。

布　朗：首先我代表力迈公司的同仁向程大年先生和优胜公司表示感谢！感谢你们的热情款待。_____，我代表力迈公司总经理向贵公司赠送一点儿小礼物，请收下。

程大年：谢谢！请代我们向总经理表示问候。

布　朗：请大家再次举杯，为我们的愉快合作干杯！

大　家：干杯！

课文（二）

1. 听后口头回答问题
2. 填空

　　情景：程大年在公司设便宴招待布朗先生。

　　程大年：布朗先生，请坐。

　　布　朗：谢谢！

　　程大年：听说布朗先生好酒量，今天我在这里_____，一来是想领教您的酒量，二来有点儿事想请您帮忙。

布　朗：酒量谈不上，只是喜欢喝。您有什么事请尽管说，只要我能帮忙一定帮。

程大年：好！爽快！您喜欢喝什么酒？

布　朗：我对中国的白酒有兴趣，特别是茅台。

程大年：您看，这里正好准备了茅台。来，先干了这杯。

布　朗：干杯！这酒味道很香，喝下去_____。

程大年：布朗先生在美国也常喝茅台吗？

布　朗：不常喝。只有朋友聚会的时候才喝一点儿。

程大年：我这里还有两瓶，请您带回去慢慢喝。来，再干一杯！尝尝这个菜。这是有名的北京烤鸭。

布　朗：我们这次来北京，给贵公司添了不少麻烦。为感谢您的热情款待，干杯！

程大年：布朗先生真是英雄海量，_____。

布　朗：哪里，哪里！

程大年：布朗先生，今天下午马克先生说，那批家用电器10月才能发货。为了使贵公司的产品早日进入中国市场，能不能把发货日期提前一点儿？

布　朗：把日期提前可能有困难。

程大年：正因为有困难，所以才请您来帮帮忙。我相信您一定有办法的。

布　朗：我回去跟马克商量一下。你们想提前到什么时候？

程大年：6月怎么样？6月不行，7月也可以。

布　朗：好，我们_____你们的要求。明天我把商量的结果告诉您吧。

程大年：看，光顾说话了，吃菜。谢谢您的帮助，干杯！

布　朗：干杯！

课文（三）

1. 听后口头回答问题

2. 填空

情景：经过谈判，程大年和布朗签署成交合同书。

布　朗：程先生，昨天你提出家用电器的交货日期问题，我们给美国总公司打了长途。你们看，这样行不行？6月底以前发出第一批货，大约_____，10月中旬把货全部发出。

程大年：好。我看可以。

韩　梅：布朗先生，这是我们草拟的合同书。请您仔细看看。要是没有_____，就可以签字了。

布　朗：好，我现在就看。史密斯先生，你也看看。

史密斯：我看没有什么大问题。

程大年：刚才说的6月底以前发出三分之一的货，_____把货全部发出。这一点是不是应该写进去？

布　朗：应该写进去。看来所有的问题都已经圆满解决了。可以签字了吧？

程大年：好，签字吧。

（双方签字后互相握手祝贺。）

布　朗：谢谢！谢谢程总经理！我们这次来北京，能够顺利地签署这么多合同，是和贵公司的大力帮助分不开的。我回去以后一定向董事长_____，贵公司人才济济，办事效率很高，是我们长期合作的好伙伴。

程大年：谢谢！请您代我向贵公司董事长问好，希望他有机会也来中国看看。

布　朗：我一定转达。希望我们继续很好地合作，明年签署更多的合同。

程大年：这也是我们的愿望。

课文（四）

1. 听后口头回答问题

2. 填空

情景：丁力和韩梅在机场跟布朗先生一行告别。

布朗：你们这么忙，还来送我们，真过意不去。

丁力：这是我们应该做的。

韩梅：本来程总经理也要来为诸位送行，因为_____不能来了。他让我们代表他祝你们一路平安。

布朗：谢谢！谢谢程总经理！请你们转告程总经理，希望能有机会在美国跟他见面。

丁力：我们一定转告。你们这次来北京，我们有照顾不周的地方，还请多多包涵。

布朗：哪里的话！你们太客气了。我们在北京的活动安排得_____。你们二位一直陪着我们，给你们添了很多麻烦。我发现韩小姐不仅人长得漂亮，英语说得好，而且还是个出色的导游。

韩梅：谢谢！您过奖了。

布朗：你陪我们去故宫、长城、颐和园，给我们讲了不少有趣的故事，使我们了解了很多中国的_____。真的很感谢你。

韩梅：我讲的都是从丁先生那儿学来的。要是丁先生去了，他一定讲得比我好。

布朗：怪不得贵公司发展得那么快。原来你们公司有那么多优秀的人才，是个藏龙卧虎之地呀！

丁力：布朗先生汉语讲得真好，简直是中国通了。

布朗：中国通算不上。听说北京语言大学有个汉语速成学院，我真想去那儿速成一下我的汉语。哟，时间差不多了。我们该办登机手续了。

丁力：你们的_____准备好了吗？

布朗：准备好了。希望我们能有机会在美国见面。

丁力：谢谢！我们后会有期！

第六课　布朗先生做什么生意？(2)

韩梅：祝你们一路平安！

丁力：一路顺风！

布朗：谢谢！再见！

三　听后练习　After Listening

（一）请你按照听到的内容的顺序，在下列各图的下面写序号，并给每张图加上一个题目

(　　)

(　　)

(　　)

(　　)

（二）再听一遍课文（一）至课文（四），用方框中的词语，填写对话中的空白

| 过奖 | 爽快 | 干杯 | 谈不上 | 英雄海量 |
| 后会有期 | 藏龙卧虎 | 过意不去 | 哪里的话 | |

1. A：请大家再次举杯，为我们的愉快合作_____！
   B：_____！

2. A：酒量_____，只是喜欢喝，您有什么事情尽管说，只要我能帮忙，一定帮。
   B：好！_____！

3. A：布朗先生真是_____，名不虚传。_____。
   B：哪里，哪里！

4. A：你们这么忙，还来送我，真_____。
   B：这是我们应该做的。

5. A：你们这次来北京，我们有照顾不周的地方，还请多包涵。
   B：_____！你们太客气了。

6. A：我发现韩小姐不仅人长得漂亮，英语说得好，而且还是个出色的导游。
   B：谢谢，您_____了。

7. A：要是丁先生去了，他一定讲得比我好。
   B：怪不得贵公司发展得那么快，原来你们公司有那么多人才，是个_____之地呀！

8. A：希望我们能有机会在美国见面。
   B：谢谢，我们_____。

（三）口头回答问题

四　泛听练习　Extensive Listening

（一）碰杯的习惯

听后选择正确答案

A　　B　　C　　D

（二）听流行音乐

听后选择正确答案

A　　B　　C　　D

（三）宴会的习俗

听后选择正确答案

A　　B　　C　　D

（四）送礼的习俗

听后选择正确答案

A　　B　　C　　D

第七课
Nǐ guānxīn guo tāmen ma?
你关心过他们吗?

1. 实话	（名）	shíhuà	truthful talk
2. 实话实说		shíhuà shíshuō	not mince words
3. 全托	（动）	quántuō	to put a child in a boarding nursery
4. 沟通	（动）	gōutōng	to communicate
5. 深思	（动）	shēnsī	deep thought
6. 造成		zàochéng	to cause, to bring out
7. 物质	（名）	wùzhì	material
8. 值日	（动）	zhírì	to be one's turn, to be on duty
9. 独生女	（名）	dúshēngnǚ	only daughter
10. 天性	（名）	tiānxìng	natural instincts, nature (of a person)
11. 疼爱	（动）	téng'ài	deeply care of, love dearly
12. 实验	（动）	shíyàn	to test
13. 鼓励	（动）	gǔlì	to encourage
14. 盲人	（名）	mángrén	blind person
15. 爱心	（名）	àixīn	loved feeling
16. 披	（动）	pī	to wrap around
17. 锁	（动、名）	suǒ	to lock

第七课 你关心过他们吗？

一 听前练习   Before Listening

（一）词语练习

　　听句子挑出生词

（二）句子练习

　　听句子，口头回答问题

二 听时练习   While Listening

课文（一）中央电视台《实话实说》之一

1. 听后口头回答问题
2. 听后选择正确答案

　　A　　　B　　　C　　　D

3. 填空

情景：中央电视台《实话实说》节目现场。

主持人：各位朋友，大家好！欢迎收看我们的《实话实说》节目。（问一个女孩）小朋友，你们上语文课的时候，老师_____？

小女孩：讲生词。

主持人：老师讲过没讲过什么叫"关心"？

小女孩：没有。

主持人：你们老师连关心都不讲啊？你有爷爷、奶奶吗？

小女孩：有。

主持人：你关心过他们吗？

小女孩：关心他们。

主持人：你怎么关心他们？

小女孩：他们咳嗽的时候，我给他们端来一杯水，让他们喝下去。（鼓掌）

主持人：（问一小男孩）你有爷爷、奶奶吗？

小男孩：没有。

主持人：你有爸爸、妈妈吗？

小男孩：有。

主持人：你关心过他们吗？

小男孩：没有。

主持人：你好好想一想，真的没有关心过他们吗？

小男孩：真的。

主持人：您是他的母亲吧？现在是实话实说，刚才他说的是不是实话？

男孩母：是实话。我这个孩子从小就在幼儿园全托，小学和中学一直住学校。他的学习成绩在全年级总是第一名。但是我们从来没有_____。比如说，放假的时候，我想跟他沟通一下，但他的学习计划已经做好了。我进他房间的时候，他说："妈妈，你进来要敲门。"还说："你不要呆太长时间，不要影响我学习。"他一心只想学习，我担心他除了关心学习，别的什么也不关心，所以今天把他带来，我们一块儿来受受教育。

主持人：你母亲刚才说，她和你没有交流的机会，这样的话你是不是第一次听说？

小男孩：是。因为我们学习特别紧张，所以我和妈妈沟通很少。我是学生。爸爸、妈妈都希望我学习好，我要是不好好学习，怎么对得起他们呢？我想，_____就是对他们的关心。

主持人：妈妈和孩子都说了自己的想法。毛先生，您怎么看这个问题？

毛先生：这是一个_____的问题。母亲说了她的担心，孩子也说了他的想法。我觉得学生除了要关心学习以外，还有很多应该关心的，比如：爸爸、妈妈的身体怎么样，老师和同学有没有需要帮助的地方，邻居的生活有没有困难，我们国家的发展怎么样，我们的城市建设怎么样等等。这些都是要关心的。

课文(二)中央电视台《实话实说》之二

1. 听后口头回答问题
2. 下面的观点是谁说的？在下列句子前边的横线上写出A、B、C（A—胡教授，B—顾老师，C—毛先生）

    _____：关心孩子不应该只关心孩子的学习，学习好不一定是一个好人。

    _____：要给孩子关心别人的机会，让孩子学会关心别人。

    _____："关心"的意思是孩子要主动为别人做事。

3. 听后选择正确答案

    A B C D

4. 填空

    情景：他们继续讨论"关心"的问题。

    主持人：您一连说了那么多应该关心的事情。我想问一下胡教授，孩子说："搞好学习就是对父母最大的关心。"您怎么看这个问题？

    胡教授：孩子有这样的想法，是_____造成的。从父母来说关心孩子不应该只关心孩子的学习，学习好不一定是一个好人。所以父母关心孩子要更关心孩子的思想，让孩子学会怎么样_____，心里要有别人，不能只有自己。

    主持人：顾老师，您的学生里边有没有不会关心别人的？

    顾老师：我说一个真实的故事：一年级有个学生，6岁。刚入学时，他们第一次在食堂吃饭，妈妈不放心，偷偷地在窗户外面看，看她的孩子会不会吃饭。她发现她的孩子不但会吃饭，而且被选为"桌长"，给别的同学端饭。她很奇怪，在家里都是她把饭端到孩子的前边，孩子从来没有给爸爸、妈妈端过饭，为什么在学校里不一样了呢？从这个小事可以看出，有的孩子不会关心别人，是家长造成的。家长什么事情都替他们做了，孩子关心别人的感情_____表现出来。

    主持人：毛先生，刚才顾老师说，有的学生不会关心别人是家长造成的，您同意吗？

毛先生：我同意。关心是两个方面的事情，一方面家长要关心孩子，关心孩子的学习、身体、思想，另一方面也要给孩子关心别人的机会，让孩子学会关心别人。

观众一：今天我们在这里讨论关心，我想首先要解决_____的问题。家长关心孩子常常是关心他们的吃、穿、住、行，而不是关他们的心。也就是说，只从物质上关心，不从精神上关心是不行的。

主持人：我觉得顾老师一定很高兴。因为大家觉得孩子不会关心别人是家长造成的，没说是老师的责任。

顾老师：不能说_____没有责任。比如说，一所学校，每个教室里都有值日表，哪个孩子哪天擦玻璃，哪个孩子扫地，哪个孩子擦黑板等等，写得很清楚。这实际上是告诉学生你应该做什么，而不是学生主动要做什么。我想"关心"的意思是孩子要主动为别人做事。爸爸下班回家，对孩子说："你给我端一杯水来。"这不是"关心"。如果爸爸回到家，孩子主动端来一杯水，说："爸爸，请喝水。"这才是"关心"。

课文（三）中央电视台《实话实说》之三

1. 听后口头回答问题
2. 听后选择正确答案

   A   B   C   D

3. 填空

   情景：他们继续讨论"关心"的问题。

   主持人：刚才我们讨论了孩子应该学会关心别人，那么，怎么样_____关心别人呢？

   观众二：我也是独生女。父亲母亲都很关心我，可是我从来没有给他们洗过一次衣服，吃完饭没有洗过一次碗。后来我结婚了，我也会洗衣服、会洗碗了，我也会关心丈夫、会关心孩子，而且对他们非常关心。

主持人：您的意思是"树大自然直"。毛先生，您听见了。您是教育专家，同意"树大自然直"吗？

毛先生：不同意。母亲爱孩子是天性，不需要学习。孩子爱父母，是需要学习、培养和训练的。也就是说对孩子从小就要教育他们学会关心别人。我举一个例子：有一个小学生，是个男孩子。他的奶奶非常疼爱他。后来奶奶生日的时候，妈妈买了一个大蛋糕。这个孩子放学回来要吃这个蛋糕。妈妈说今天是奶奶的生日，应该让奶奶吃第一口。这个孩子一听就生气了，把蛋糕推到地上，说："你们不让我吃第一口，谁也甭吃。"奶奶哭了，说："我疼你一辈子，你就疼我这一天，都不行吗？"这说明让孩子学会关心别人＿＿＿＿＿＿，"树大自然直"是不对的。

主持人：我们做了一个实验，让一个班50个学生用"关心"造句。结果30个学生写爸爸、妈妈或者老师非常关心我们，有关心身体的，有关心学习的。只有一个学生写"我非常关心我亲爱的妈妈"。其他的同学写"我要关心谁谁谁"。这些学生想到要关心别人，但是还没有行动。只有一个学生做了关心妈妈的事。老师表扬了这个孩子，鼓励了其他19个孩子，也给那30个孩子提出了希望，希望他们＿＿＿＿＿＿，特别是关心父母、老师和同学。

课文(四)中央电视台《实话实说》之四

1. 听后口头回答问题
2. 听后选择正确答案

　　A　　B　　C　　D

3. 填空

　青景：他们继续讨论"关心"的问题。

　胡教授：我们今天在这里讨论的问题不是孩子关心不关心我。家长要求孩子关心自己,是为了他们不自私,为了让他们将来活得更好一点儿、容易一点儿、舒服一点儿、痛苦少一点儿。大家想一想,一个自私的人活得能幸福吗?这是从小的方面说。从大的方面说,一个社会需要＿＿＿＿＿＿,都是自私的人,社会怎么发展呢?

主持人:胡教授说得非常深刻,谈了为什么要让孩子学会关心别人。学会关心别人要从小的事情做起。毛先生,具体地怎么教育孩子从小的事情做起呢?

毛先生:孩子首先要有关心别人的想法,还要有＿＿＿＿＿＿。比如,自己过生日的时候,送给妈妈一张贺卡或者其他小礼物。孩子可能不知道,自己的生日是妈妈的"难日"。就是这一天,妈妈经过10个月的辛苦,把自己带到这个世界上。在每年的这一天,难道自己不应该为妈妈做点什么事吗?

主持人:教孩子从小的事情做起,从关心自己＿＿＿＿＿＿开始,学会关心。

观众三:我是当爷爷的人了。爸爸、妈妈要求孩子关心自己,那么,他们有没有关心自己的父母呢?这个问题很重要。要是你非常关心自己的父母,你的孩子也会关心你。

主持人:要让孩子关心自己,自己就得关心上一代。这是最简单的方法。

顾老师:我觉得除了让孩子学会关心父母以外,还要让他们学会关心别人。比如:看见一位老大爷摔倒了,赶快上去把他扶起来;看见一位老人上了公共汽车,赶快站起来让座。星期天,我看见一位家长,拿出一块钱来,交给孩子,让他把这一块钱送给在地铁唱歌的盲人。我想,这位家长送的不仅仅是一块钱,而是＿＿＿＿＿＿。

主持人:今天的孩子是下个世纪的主人。如果到了那个时候,人们都不会关心,也没有爱心,这个世界不知道会变成什么样子。所以,现在我们就要孩子们学会关心,要有爱心。我们的社会、学校和家长都要做出努力。好,谢谢各位嘉宾和观众,谢谢大家。

三 听后练习 After Listening

(一) 再听一遍课文（一）至课文（四），听后选择正确答案

1. A　B　C　D　　　2. A　B　C　D
3. A　B　C　D　　　4. A　B　C　D
5. A　B　C　D　　　6. A　B　C　D

(二) 口头回答问题

四 泛听练习 Extensive Listening

(一) 好奶奶

听后判别正误

(1)　(2)　(3)　(4)　(5)　(6)

(二) 我最怕放假

听后判别正误

(1)　(2)　(3)　(4)
(5)　(6)　(7)　(8)

(三) 生日

听后选择正确答案

(1) A　B　C　D
(2) A　B　C　D

第八课

Nǐ liǎojiě zhèxiē chéngshì ma?
你了解这些城市吗?

New Words 生词

1.	立交桥	(名)	lìjiāoqiáo	overpass, flyover, over-bridge
2.	雄伟	(形)	xióngwěi	grand, imposing
3.	壮观	(形)	zhuàngguān	magnificent
4.	府上	(名)	fǔshang	home
5.	拜访	(动)	bàifǎng	to pay a visit
6.	直辖市	(名)	zhíxiáshì	city of directly under the jurisdiction
7.	稻穗	(名)	dàosui	ear of rice
8.	雕塑	(动、名)	diāosù	sculpture
9.	香料	(名)	xiāngliào	perfume, spice
10.	港口	(名)	gǎngkǒu	port, harbour
11.	火炉	(名)	huǒlú	stove
12.	闷热	(形)	mēnrè	hot and stuffy
13.	天堂	(名)	tiāntáng	paradise, heaven
14.	亭台楼阁		tíng tái lóu gé	pavilion, stage, building and attic
15.	苏绣	(名)	sūxiù	Suzhou embroidery
16.	海洋	(名)	hǎiyáng	sea
17.	映	(动)	yìng	to reflect

第八课　你了解这些城市吗？

一　听前练习　Before Listening

（一）词语练习

听句子挑出生词

（二）句子练习

1. 听句子，口头回答问题

2. 听句子判别正误

(1)　　(2)　　(3)　　(4)　　(5)　　(6)

二　听时练习　While Listening

课文（一）

1. 听后根据课文的内容连线

最好吃的	啤酒
最好喝的	烤鸭
最好玩的	中央电视塔
最可乐的	天安门广场
最大的	颐和园
最小的	相声
最高的	工艺品
最矮的	太极拳
最快的	玩具房子
最慢的	长安街
最长的	建设速度
最短的	吃饭的时间

2. 填空

甲：你是北京人吗？

乙：不是。不过我在北京住了＿＿＿＿＿＿＿＿多年了。

甲：你才住了＿＿＿＿＿＿＿多年，那你不如我。

乙：你住了多少年了？

甲：＿＿＿＿＿＿＿多年了。

乙：您今年多大年纪了？

甲：＿＿＿＿＿＿＿岁。

乙：您＿＿＿＿＿＿＿岁。怎么在北京住了＿＿＿＿＿＿＿多年呢？

甲：我先住7年，后来又住了10多年，不是＿＿＿＿＿＿＿多年吗？

乙：这是＿＿＿＿＿＿＿多年啊？

甲：我是老北京了。

乙：那你对北京很熟悉了？

甲：太熟悉了。

乙：你真的很了解北京吗？

甲：当然了解了。北京是中华人民共和国的首都。

乙：这谁不知道呀？

甲：北京的历史，北京的地理，北京的建筑，北京的名胜古迹，北京的天气，北京人的性格，北京人的脾气，北京人的爱好，北京人的风俗习惯，我都＿＿＿＿＿＿＿了解。

乙：是吗？既然你对北京这么了解，那你能不能说说"北京之最"？

甲："北京之最"，我知道得太多了。

乙：都有什么？

甲：最好吃的是北京烤鸭；最好喝的是北京啤酒；最好玩儿的是北京颐和园；最可乐的是北京相声。

乙：噢，你只知道＿＿＿＿＿＿＿啊！

甲：别的我也知道。

乙：那我问问你，北京什么最大？

第八课　你了解这些城市吗?

甲：天安门广场最大。这是世界上最大的广场。

乙：北京的什么最小?

甲：北京的一种工艺品，在头发上刻的字最小。

乙：北京的什么最高?

甲：中央电视塔最高。站在塔上可以看到整个北京的风景。

乙：北京的什么最矮?

甲：你说什么最矮?

乙：我不知道，我问你呢。

甲：要是有人问你北京什么最矮，你就告诉他：我儿子的玩具小房子最矮。

乙：那是够矮的。北京的什么最快?

甲：北京的建设速度最快。你没看见? 这几年北京新盖了多少楼房，新修了多少马路，新建了多少体育馆，新开了多少饭馆。

乙：这发展速度是够快的。北京的什么最慢?

甲：北京人打太极拳最慢。

乙：北京的什么最长?

甲：北京的长安街最长。从东边的通县到西边的石景山有100里，叫_____。

乙：北京的什么最短?

甲：北京人吃饭的时间最短。

乙：怎么是吃饭的时间最短哪?

甲："我吃饭"。用了多长时间?

乙：我哪儿知道你用多长时间?

甲：(数) "我吃饭"——1秒半。

乙：你_____啊?

课文(二)

1. 听后口头回答问题

2. 听后画线

在谈到"上海的城市建设变化很大"时,提到了下列哪些词语?请在提到的词语下边画横线

高楼　　　立交桥　　　贸易中心　　　工厂
公司　　　商场　　　　黄浦大桥　　　高架桥

3. 填空

情景:方云天的表弟陈伟中从香港来北京上大学,这天他到方云天的宿舍玩儿。

方云天:我来介绍一下,这位是我们宿舍的大哥王沪生。这是我的表弟陈伟中。

王沪生:你好!云天常常提起你,他说你从香港来北京学习,是吧?

陈伟中:王沪生大哥,你一定是上海人吧?我妈妈出生在上海,我可以说是_____上海人。

方云天:你看,他跟上海人多亲近!

王沪生:你妈妈是上海人?她最近回去过吗?

陈伟中:回去过。她说,上海的变化可大了。要是没有人去接她,她就找不到家了。

王沪生:改革开放以后,上海作为中国最大的_____,经济发展得非常快,到处是新建的工厂、公司、商场、贸易中心。

方云天:上海的城市建设变化也很大。去年夏天我去上海,发现道路比以前宽了,道路两边修建了很多高楼。特别是上海新修了很多_____和_____,晚上看,汽车好像在天上开一样,好看极了。

陈伟中:我在电视上看了,黄浦江上新修的黄浦大桥,十分雄伟、壮观。

王沪生:修建了黄浦大桥,从浦西到浦东就方便多了。

陈伟中:我还没去过上海,有机会我一定去上海看看。

王沪生:你去上海的时候千万别忘了去南京路和外滩。

课文（三）

1. 听后口头回答问题
2. 听后画线

   在说到天津的风味小吃时，提到了下面哪些词语？请在提到的词语下边画横线

   食品街　　水上公园　　南开大学　　文化街　　大麻花　　狗不理包子

3. 填空

   情景：他们正聊着，孙海河从外面进来。

   孙海河：哟，来客人了？你是云天的表弟吧？

   陈伟中：我叫陈伟中，你好！

   孙海河：我叫孙海河，是云天的同班同学，在这个屋里我是_____。

   陈伟中：听口音你是天津人吧？

   孙海河：不错。我生在天津，长在天津。你去过天津吗？

   陈伟中：没有。天津有什么好玩儿的地方？

   方云天：别站着了，坐下谈。

   孙海河：天津是北方的一个重要的城市，好玩儿的地方可多了。你什么时候去天津，我陪你逛逛食品街，那里有各种风味的小吃。对了，你得买点儿天津的大麻花，那儿的大麻花非常有名。

   陈伟中：我还想尝尝狗不理包子。听说去天津一定要吃狗不理包子。

   孙海河：吃完以后可以去_____和劝业场看看，最后再去水上公园玩儿玩儿。

   陈伟中：我有一个朋友在南开大学学习，我想去看看他。

   孙海河：南开大学离水上公园不远，走着有10多分钟就到了。我家就在南开大学附近，还可以顺便到我家坐坐，喝杯茶，休息休息。

   陈伟中：好，到时候我一定去府上_____。

   孙海河：对了，云天，老四来电话了，说他明天中午坐飞机到北京。

   陈伟中：老四是谁？

   方云天：也是我的同屋，叫江渝。他奶奶刚去世，他回老家重庆了，明天

回来。

陈伟中：表哥，你们屋里的四个人，上海、北京、天津、重庆，中国的四个直辖市都齐了。

课文(四)

1. 听后口头回答问题
2. 听后画线

    下列词语中哪些和羊城的传说有关？请在有关的词语下边画横线

    仙人　　仙羊　　仙衣　　仙稻穗　　花会　　珠江边　　花城

3. 填空

    情景：孙海河的桌子上放着他女朋友的照片，他们从孙海河的女朋友谈到广州。

    陈伟中：这张照片好漂亮啊，她是谁？

    孙海河：我的女朋友，她叫苏粤。

    陈伟中：苏粤，这个名字听起来怎么像是广东人？

    孙海河：她就是广州人，离香港挺近的。你一定去过广州吧？

    陈伟中：去过好多次了，差不多每年＿＿＿＿＿＿＿都跟我爸爸去广州。

    孙海河：那你知道广州为什么叫羊城吗？

    陈伟中：当然知道了。说起羊城这个名字，还有一个美丽的传说呢。古时候，有五位仙人身穿漂亮的仙衣，骑着五只仙羊，带着仙稻穗来到珠江边。他们把仙稻穗分给了当地人，当地人把这些仙稻穗作为种子，以后这里就有了＿＿＿＿＿＿＿。这儿的人口越来越多，慢慢地变成了一个城市。人们把这个城市叫做五羊城，也叫羊城，后来才改叫广州。现在广州城里有一座五羊的雕塑，就是根据这个传说修建的。

    孙海河：广州还有一个名字叫什么？

    陈伟中：＿＿＿＿＿＿＿。每年春节广州都有花会，我去过好几次呢。

花会的时候,整个城市好像花的海洋,一枝枝,一束束,还非常便宜。好多香港人专门去广州买花儿,他们买了各种各样的鲜花带回去。

孙海河:看来,你快成广州通了。

课文(五)

1. 听后根据课文的内容连线

  香港地区的面积   港岛、九龙和新界3个部分

  香港回归祖国   1842年

  香港地区包括   1061.8平方公里

  英国侵占香港   1997年7月1日

2. 填空

  情景:陈伟中给方云天他们介绍香港。

  我出生在香港。香港地区包括香港岛、九龙和新界3个部分,面积有_____平方公里。古时候,这个地方是港口,又生产一种香料,所以人们就叫它香港。

  1842年英国侵占了香港岛。100多年以后,1997年7月1日,香港又回到了祖国的怀抱。香港回归的那天,很多香港人整夜没有睡觉,收看庆祝香港_____的电视节目。

  香港是世界著名的自由港。无论现在还是将来,都是世界经济贸易的一个_____。

  香港的旅游业非常发达,每年去香港旅游的人很多。欢迎你们到香港旅游,到了香港,你们可以去海洋公园、浅水湾玩儿玩儿,也可以去逛逛大商场,买些又便宜、质量又好的东西带回来。你们一定不会_____的。

三 听后练习　After Listening

（一）再听一遍课文（一）至课文（四），想一想下面的词语各和哪个城市有关。在词语后边的横线上写出A、B、C、D、E（A—北京，B—上海，C—天津，D—广州，E—香港）

花城　　　　　　　＿＿＿＿＿

南开大学　　　　　＿＿＿＿＿

外滩　　　　　　　＿＿＿＿＿

南京路　　　　　　＿＿＿＿＿

大麻花　　　　　　＿＿＿＿＿

狗不理包子　　　　＿＿＿＿＿

长安街　　　　　　＿＿＿＿＿

天安门广场　　　　＿＿＿＿＿

劝业场　　　　　　＿＿＿＿＿

水上公园　　　　　＿＿＿＿＿

黄浦大桥　　　　　＿＿＿＿＿

羊城　　　　　　　＿＿＿＿＿

海洋公园　　　　　＿＿＿＿＿

浅水湾　　　　　　＿＿＿＿＿

新界　　　　　　　＿＿＿＿＿

九龙　　　　　　　＿＿＿＿＿

五羊雕塑　　　　　＿＿＿＿＿

（二）口头回答问题

四 泛听练习 Extensive Listening

(一)中国的三大火炉

听后判别正误

(1)　　　(2)　　　(3)　　　(4)
(5)　　　(6)　　　(7)　　　(8)

(二)苏州和杭州

听后选择正确答案(不止一个正确答案)

A　　B　　C　　D　　E　　F

(三)春城和冰城

听后选择正确答案(不止一个正确答案)

A　　B　　C　　D　　E　　F

(四)桂林山水甲天下

听后选择正确答案

A　　B　　C　　D　　E　　F

第九课

你想听留学生自己的故事吗?
Nǐ xiǎng tīng liúxuéshēng zìjǐ de gùshì ma?

New Words 生词

1. 红领巾	（名）	hónglǐngjīn	red scarf
2. 派出所	（名）	pàichūsuǒ	police station
3. 报案		bào àn	to report a case to the security authorities
4. 专程	（副）	zhuānchéng	specially for
5. 排练	（动）	páiliàn	to rehearse
6. 基本功	（名）	jīběngōng	basic skill
7. 着迷	（动）	zháomí	to be fascinated
8. 耳光	（名）	ěrguāng	a slap on the face
9. 末日	（名）	mòrì	last day
10. 光彩	（名）	guāngcǎi	luster, splendor
11. 端正	（形）	duānzhèng	regular
12. 光彩照人		guāngcǎi zhào rén	to be dazzling to the eye
13. 满堂生辉		mǎntáng shēng huī	to add brightness in the whole hall
14. 香喷喷	（形）	xiāngpēnpēn	sweet-smelling, savoury
15. 洋腔洋调		yángqiāng-yángdiào	English Chinese pronunciation and tones
16. 和蔼	（形）	hé'ǎi	amiable, affable, kindly
17. 半途而废		bàn tú ér fèi	to give up halfway

第九课　你想听留学生自己的故事吗？

18. 逼	（动）	bī	to force
19. 自觉	（形）	zìjué	conscious, aware

一　听前练习　Before Listening

（一）词语练习

　　1.听句子挑出生词

　　2.听句子，根据句意猜老师指出的词语的意思

（二）句子练习

　　听句子口头回答问题

二　听时练习　While Listening

课文（一）一块钱的故事

1.听后口头回答问题

2.听后判别正误

　　（1）　　（2）　　（3）　　（4）　　（5）

3.填空

　　我叫彼得，是美国学生。我给大家讲一个我亲身经历的故事。

　　那一天是星期日。我坐公共汽车进城。汽车上特别拥挤，连胳膊也不能动。下车的时候，我忽然发现＿＿＿＿＿＿没有了。我把所有的衣服口袋都翻遍了，也没找到。我的头上急出汗来了。

　　这时候，一个戴红领巾的小姑娘看到我着急的样子，走过来问："叔叔，你丢东西了吗？"我告诉她我的钱包被人偷了。她说："我陪你去派出所报案吧！"派出所不远，警察问了我的姓名、住址，我把丢东西的情况说

了一遍。他们说有了＿＿＿＿＿＿就通知我。我和小姑娘从派出所出来，她问我："叔叔，你一分钱也没有了，怎么办呢?"我说："我走回学校去。"她从口袋里掏出＿＿＿＿＿＿，递到我手里，说："我身上只有这＿＿＿＿＿＿，你拿去坐车够了吧。"

一块钱，我从来没有看重过的一块钱，可是今天不一样了。我连忙说："谢谢，谢谢你！"我的心情太激动了。直到上了汽车，我才想起来：忘了问她＿＿＿＿＿＿、住在哪儿。

课文(二)难忘的一件事

1. 听后口头回答问题
2. 听后判别正误
   （1）　　（2）　　（3）　　（4）　　（5）
3. 填空

我叫山田华美，是日本留学生。我给大家讲一件我最难忘的事。

长这么大，我丢过两次钱包，第一次是在＿＿＿＿＿＿，第二次是在＿＿＿＿＿＿。这第二次是我永远也忘不了的。

去年寒假，我的男朋友专程从日本来看我，一转眼4个星期就过去了。男朋友回国我得去机场送他。因为飞机起飞早，前一天我们预订了一辆出租汽车，讲好价钱来回150块。第二天司机准时来到宾馆接我们。在机场我一直等男朋友上了飞机，才动身回来。我上了出租汽车，想起再见面得＿＿＿＿＿＿以后了，眼泪就流了出来。我越想越难过，不由得哭出声音来。司机把一块新手绢儿递给我。我接过手绢儿连忙解释："对不起，我刚送走了男朋友，心里很难过。……"我还没说完，司机就说："别解释了，人都一样。别说你是一个女孩子，我送我女儿出国的时候也哭了。"我觉得很奇怪，一个大男人也哭了？想着一个大男人哭的样子，我觉得很可笑，就说："真的吗？你们男人也会哭？"他一边笑一边说："男人也是人啊。高兴了就笑，难过了就哭；饿了就吃，困了就睡。"他＿＿＿＿＿＿把我说笑了。后来我们又谈了很多。他还鼓励我好好学习，学好汉语，找到一个好的工作。我觉得这位司机很幽默，也很亲切。

不知不觉汽车到了我们出发的宾馆。我对司机说："对不起，我不在这儿下车，您把我送到北京大学吧。"司机想了一下儿说："好吧，你再加10块钱。"我说："从这儿到北大没有两分钟的路，还要加10块钱？"不管我怎么说，司机还是＿＿＿＿＿要加10块，我只好同意了。这时，我对他的好感一点儿也没有了。下车的时候，我把160块钱扔给他，生气地说："你只认钱，以后再也不坐你的车了。"司机把钱收起来什么也没说。

我回到宿舍，觉得口很渴，想买点儿饮料。一掏口袋，钱包没有了。哎呀，不好，一定是忘在出租车上了。我赶快下楼，以跑百米的速度跑到学校门口，可是那辆出租车已经开走了。我的钱包里有男朋友给我的＿＿＿＿＿美元，还有＿＿＿＿＿多人民币。想起司机那么爱钱，钱包肯定找不回来了，急得我又哭了。

第三天，我从外面回到宿舍，刚一进门，学校保卫处的张科长就告诉我："有个司机来找你，说你的钱包掉在他的车上了。因为钱包里没有你的具体地址，他怕你着急，花了整整两天的时间在学校门口等你，一直没等到你。今天他把钱包交到学校保卫处，让我们转交给你。"接过钱包一看，我的钱＿＿＿＿＿，我高兴得跳了起来，真没想到钱包还能回到我身边。

那位司机没留下他的地址和姓名。人家怕我着急，用了两天的时间找我，可是为了10块钱，我跟他发了脾气，还说了难听的话，想起这些，觉得真对不起他。我＿＿＿＿＿祝福他健康、平安、幸福。

课文（三）我是京剧迷

1. 听后口头回答问题
2. 听后判别正误

　　（1）　　（2）　　（3）　　（4）　　（5）　　（6）

3. 填空

老师们、同学们：

　　你们好！

　　我是法国留学生，叫皮埃尔。五年以前我在巴黎看过中国的京剧，虽然看不懂，可是我喜欢人物的服装和表演。三年前我得到政府的奖学金，来到上海学习汉语。刚到中国，我以为只有北京才有京剧，以后再也看不到京剧了。可是事实＿＿＿＿＿我的想法错了。

　　上海不仅有上海京剧院，而且我们学校也有一个京剧团。上海京剧院有很多非常有名、非常优秀的演员，经常在大剧场里演出。我们学校的京剧团有中国老师、中国学生，也有外国留学生。上海京剧院的演员还常来我们学校辅导，帮助排练。一＿＿＿＿＿，我就去看他们排练和演出。

　　有一天，一位姓马的老师来到我的宿舍，问我："听说你很喜欢京剧，是吗？"我说："非常喜欢。""那你参加学校的京剧团好不好？你的发音、相貌、身材都很好，＿＿＿＿＿学京剧。"我说："好吧，我试试。"

　　校京剧团每个星期活动三次。马老师一个句子一个句子地教我，先教我念，再教我唱。他还一个动作一个动作地教，教我怎么样坐、怎么样站、怎么样走、怎么样表演。他说这是基本功。我买了不少关于京剧的＿＿＿＿＿。有的介绍京剧的理论和知识，有的介绍京剧的剧情。书里有很多生词和不懂的句子，有时候我问马老师，有时候我查词典。这样既学习了汉语，又了解了中国的传统文化。我的汉语水平提高得很快。半年以后，上海市举行留学生京剧比赛。我和一个塞尔维亚女同学表演的《四郎探母》得了＿＿＿＿＿。从此，我对京剧更加着迷。俗话说："拳不离手，曲不离口。"下了课，除了做作业，我就是听京剧的录音，一边听，一边跟着唱。同学们都说我是一个京剧迷。

课文（四）我看到的中国妇女

1. 听后口头回答问题
2. 听后判别正误
   （1）　　（2）　　（3）　　（4）　　（5）
3. 填空

　　我是来自韩国的留学生，叫金银花。

　　我刚来中国不久，有一次看电视，电视里妻子打了丈夫一个响亮的＿＿＿＿＿。我觉得非常惊奇。妻子打丈夫在韩国的电视里是绝对看不到的。韩国人常说:"妻子打丈夫,世界末日就要到了?"韩国有句俗话说:"女人的敌人是女人自己。"不少女人也认为自己天生不如男人。一般妇女结婚以后就是照顾公公婆婆、抚养孩子、帮助丈夫,做所有的家务事。

　　来到中国以后,我注意了解中国妇女的情况。我发现中国的妇女比韩国的妇女厉害、能干。除了看到的电视里妻子打丈夫以外,在生活中也是这样。比如,有一次我坐公共汽车,看见司机是女的,售票员是男的,女人比男人能干。还是在这辆车上,一个女乘客跟男售票员吵架。我很奇怪,女人怎么能跟男人吵架呢?在韩国女人跟男人吵架被认为是_____的。

　　中国的丈夫经常帮助妻子做饭、买菜、洗衣服、照顾孩子。有人说他们怕老婆,是"气管炎(妻管严)"。我不同意这种说法。男女平等,夫妻真正相爱就要共同分担家务。妇女不能只做家务,也应该参加_____。我看到很多中国妇女活跃在社会的各个方面,有女科学家、女教授、女飞行员,还有女外交官等等。她们不但跟男人做一样的事情,而且有的比男人做得更好。我觉得中国的妇女真了不起,她们多幸福啊。

课文(五) 一位非常漂亮的女老师

1. 听后口头回答问题
2. 听后判别正误
　　(1)　　(2)　　(3)　　(4)　　(5)
3. 听后根据课文的内容连线
　　宋文玉老师长得什么样儿?

　　白白的　　　　　　头发

　　黑黑的　　　　　　眼睛

　　大大的　　　　　　鼻子

　　端正的　　　　　　眉毛

　　弯弯的　　　　　　身材

　　苗条的　　　　　　皮肤

4. 填空

各位老师、各位同学：

你们好！

我叫施和平，加拿大人。我给大家讲的是我的老师宋文玉。

宋文玉老师今年27岁。她黑黑的头发，大大的眼睛，端正的鼻子，弯弯的眉毛，白白的皮肤，苗条的身材。她第一次走进教室真是光彩照人，满堂生辉。我从来没有见过这么漂亮的女老师。我想，她要是去好莱坞发展，准是_____的演员。

宋老师的父亲是外科医生，母亲是妇产科医生。他们希望宋老师继承医生的职业。可是宋老师对_____很有兴趣。她说："医生可以使病人成为身体健康的人，教师可以使学生成为有知识、有能力、思想健康的人，教师是最神圣的职业。"

宋老师对学生非常关心。有一次我感冒了，没去上课，一个人躺在宿舍里。想起在家生病的时候，爸爸、妈妈都在身边问这问那，给我拿药送水。可是现在没人照顾，越想越难过。这时候，有人敲门，是宋老师来了。她给我做了一碗香喷喷的_____，还带来一些水果。她看着我吃完，又带我去看病。回到宿舍让我好好休息，还问我："你想吃什么？晚上我给你做。"在她的照顾下我的病很快好了。

我们班是A班，12个学生都是欧美人。刚学习汉语，发音和声调都不好，说出的话洋腔洋调，她就一遍一遍地纠正我们的发音和声调，直到我们说出标准自然的句子。我们记不住汉字，她一遍一遍地给我们听写，还教我记汉字的方法。我们班有一个同学年纪比较大，每次考试都不太好，想退学。宋老师就鼓励他要有_____，说："做什么事情都得有信心，有信心就是成功的一半。"宋老师还给他讲《愚公移山》的故事。我们贪玩懒惰的时候，宋老师就严厉地批评我们。快考试的时候，我们都很紧张，宋老师又让我们放松，她跟我们一起去喝咖啡，去公园游览，还陪我们去游泳。_____的学习很快结束了。最后，我们班的12个学生全都通过了HSK考试3级，有的还通过了4级、5级。

在结业会上,宋老师开心地笑了,她笑得那么甜、那么美。她是一位从里到外都十分漂亮的老师。

课文(六)鼓励

1. 听后口头回答问题
2. 听后判别正误

   (1)　　(2)　　(3)　　(4)　　(5)

3. 填空

我叫陈英林,是印度尼西亚的学生。

我来中国已经一年多了。在北京语言大学我有幸分在杨老师任课的班。要是没有杨老师的鼓励,今天我可能已经不在北京了。这是怎么回事呢?听我慢慢地告诉你们。

我出生在一个印尼华侨的家庭。爸爸、妈妈从小就让我学习汉语。爸爸对我非常＿＿＿＿＿＿,他常说的一句话是:"你怎么这么笨?我教了这么多遍你还记不住!"为了学习汉语,我没少挨骂。所以我既怕汉语,又恨汉语。他们出钱让我来中国学习,我不想来,怕遇见跟爸爸一样的老师,可是爸爸和妈妈非＿＿＿＿＿＿不可。

第一天上课的时候,杨老师说的第一句话是:"欢迎你们到中国来学习,欢迎你们到北京来学习,欢迎你们到北京语言大学来学习,欢迎你们到汉语速成学院来学习,欢迎你们到速成系来学习。"他一口气说了5个欢迎,我们的紧张情绪一下子都没了。杨老师50多岁,他总是＿＿＿＿＿＿,是一位和蔼可亲的老教师。

在杨老师的课上,掌声、笑声一阵又一阵,课堂气氛十分活跃。我们说错了,杨老师从来不批评,而是＿＿＿＿＿＿我们。他常说:"你们说错没关系,没有错,怎么有对呢?不怕你们说错,就怕你们不说。"在练习时,谁说了一个好句子,谁课文念得好,谁听写有进步,杨老师都带头热烈鼓掌。

我最怕在黑板上听写汉字。开始的时候,每次听写都有不少错误。为了鼓励我，杨老师改变了方法。前一天先辅导我，帮我练习，第二天让我在黑板上听写。这样，我的错误越来越少，后来就没有错误了。

杨老师很会讲故事。谁遇到什么困难和问题，杨老师就讲一个故事。听完故事我们就知道了应该怎么做，不应该怎么做。他用＿＿＿＿＿＿的方法提高我们的学习兴趣，鼓励我们改进学习方法。杨老师不仅自己鼓励我们，还让同学们互相鼓励，互相帮助，谁有困难大家都帮助他，谁有进步大家都为他高兴。

第一个学期快结束的时候，我们都觉得太累了，大家的学习情绪下降了。杨老师及时鼓励我们，他说："学习好像爬山一样，开始的时候兴趣很高，不觉得累。爬过一半的时候体力下降了，觉得很累。你们是坚持一下爬到山顶呢，还是半途而废？勇敢的人一咬牙就爬上去了。我相信你们都是＿＿＿＿＿＿的人。"

在杨老师的鼓励下，我学习汉语的兴趣越来越浓，从爸爸、妈妈逼我学习，变成了我＿＿＿＿＿＿地学习。现在，我不想家了，我的根在中国，我的家也在中国。

三 听后练习　After Listening

（一）再听一遍课文（一）至课文（六），然后口头回答问题

（二）复述练习

第十课

Nǐ zhīdào zhèxiē qùwén ma?
你知道这些趣闻吗?

New Words 生词

1.	上弦		shàng xián	to wind a clock
2.	油漆	(名)	yóuqī	paint
3.	博览会	(名)	bólǎnhuì	fair
4.	钢铁	(名)	gāngtiě	iron and steel
5.	公民	(名)	gōngmín	citizen
6.	活捉	(动)	huózhuō	to catch
7.	残暴	(形)	cánbào	brutal, cruel
8.	导火线	(名)	dǎohuǒxiàn	(blasting) fuse
9.	熄灭	(动)	xīmiè	to extinguish
10.	炸	(动)	zhà	to blow up, to blast
11.	悬崖	(名)	xuányá	steep clift, precipice
12.	狮子	(名)	shīzi	lion
13.	智慧	(名)	zhìhuì	wisdom, intelligence
14.	制服	(动)	zhìfú	to check, to subdue
15.	协会	(名)	xiéhuì	association
16.	雇	(动)	gù	to employ
17.	抚养	(动)	fǔyǎng	to foster
18.	毅力	(名)	yìlì	perseverance
19.	遭遇	(动)	zāoyù	to encounter
20.	刺	(动)	cì	to stab
21.	击中		jīzhòng	to strike

第十课　你知道这些趣闻吗？

一　听前练习　Before Listening

（一）词语练习

听句子挑出生词

（二）句子练习

1. 听句子，口头回答问题
2. 听句子，判别正误

（1）　　（2）　　（3）　　（4）　　（5）

二　听时练习　While Listening

课文（一）《伦敦大本钟》

1. 听后判别正误

（1）　　（2）　　（3）　　（4）

2. 按照听到的内容的顺序在句子前边写序号

（　　）到1913年改为电动上弦，就变得既省时又省力了。

（　　）麦克风跟大钟连在一起。

（　　）起初靠人力上弦和打钟，每个星期要上两次弦，每次需要8个小时，相当费力。

（　　）所以钟响的时候，全世界的人都可以从BBC的广播中听到它的声音。

（　　）去过伦敦的人差不多都知道议会大厦尖塔上面的大钟。

（　　）这座大钟能发出响亮的声音，为伦敦人民报告时间

3. 填空

去过伦敦的人差不多都知道议会大厦尖塔上面的大钟。这座大钟能发出响亮的声音，为伦敦人民_____，它是伦敦的一大名胜。因为麦克风跟大钟连在一起，所以钟响的时候，全世界的人都可以从BBC的广播中

听到它的声音。这座大钟是1859年修建的。起初它靠人力上弦,每个星期要上两次弦,每次需要_____个小时,相当费时费力。到1913年改为电动上弦,就变得既省时又省力了。这座大钟特别准,但是有一次它不准了,因为一个在塔上工作的人不小心把一滴油漆滴在大钟的指针上,使它变慢了。后来,那个油漆点儿被擦掉了,大钟又特别准了。负责修建这座大钟的人叫本杰明,所以这座钟也叫"_____"。"本"是指本杰明,"大"有两个意思,一是指本杰明身体高大,二是指这座钟特别大。

课文(二)《巴黎埃菲尔铁塔》

1. 听后判别正误

  (1)　 (2)　 (3)　 (4)　 (5)　 (6)

2. 按照听到的内容的顺序在句子前边写序号

  (　) 这座铁塔的里边有饭馆、酒馆、商店,非常热闹。

  (　) 在巴黎市中心有一座高300米的铁塔,这座铁塔是巴黎的象征。

  (　) 由于太阳照射热胀冷缩,早晨铁塔向西偏斜100毫米,中午向北偏斜70毫米,当气温在零下10℃时,塔身比夏天矮170毫米。

  (　) 这座铁塔是1889年为迎接世界博览会在巴黎举行和纪念法国大革命100周年而修建的。

  (　) 因为是法国著名工程师居斯塔夫·埃菲尔设计的,所以这座铁塔就叫埃菲尔铁塔。

  (　) 这座塔的样子很特别,只有夜间它才是笔直的。

  (　) 到巴黎旅游的人都要参观一下这座有名的铁塔,它是巴黎的一个名胜古迹。

3. 填空

  在巴黎市中心有一座高300米的铁塔,这座铁塔是巴黎的_____。因为是法国著名工程师居斯塔夫·埃菲尔设计的,所以这座铁塔就叫埃菲尔铁塔。这座铁塔是1889年为迎接世界博览会在巴黎举行和纪念法国大革命100周年而修建的。它是世界上第一座钢铁结构的高塔。这座塔的样子很特别，只有夜间它才是_____的。由于太阳照射热胀冷缩，早晨铁塔向西偏斜100毫米，中午向北偏斜70毫米，当气温在零下10℃时，塔身比夏天矮170毫米。这座铁塔的里边有饭馆、酒馆、商店，非常热闹。到巴黎旅游的人都要参观一下这座有名的铁塔，它是巴黎的一个_____。

课文(三)《小于连的故事》

1. 听后判别正误

（1）　　（2）　　（3）　　（4）

2. 按照听到的内容的顺序在句子前边写序号

（　）这条导火线通向市政厅的地下室，那里有全城用的火药。

（　）布鲁塞尔人民赶走了外国侵略军，还活捉了残暴的约翰四世，他们在广场上庆祝自己的胜利。

（　）小于连也来到中心广场。他突然发现一个小院子里有火光，走进去一看，是燃烧着的导火线。

（　）火熄灭了，广场上的人得救了，市政厅和周围的房子也得救了。

（　）于连想："一定是坏人点的火，要是不把导火线熄灭，广场上的人都要被炸死，市政厅周围的房子也要被炸毁。应该马上把导火线熄灭，可是找不到水，怎么办呢？"

（　）他想出了一个办法，朝燃烧着的导火线撒了一大泡尿。

3. 填空

在比利时的首都布鲁塞尔中心广场附近，有一个小孩儿撒尿的铜像。这个小孩儿叫于连，人们说他是"布鲁塞尔第_____"。大家为什么这样喜欢小于连呢？这里流传着一个非常生动的故事。在15世纪初期，布鲁塞尔人民赶走了外国侵略军，还活捉了残暴的约翰四世，他们在广场上庆祝自己的胜利。小于连也来到中心广场。他突然发现一个小院子里有_____，走进去一看，是燃烧着的导火线。这条导火线通向市政厅的地下室，那里有全城用的火药。于连想："一定是坏人点的火，要是不把导火线_____，广场上的人都要被炸死，市政厅周围的房子也要被炸毁。应该马上把导火线熄灭，可是找不到＿＿＿＿＿＿，怎么办呢？"这时他想出了一个办法，朝燃烧着的导火线撒了一大泡尿。火熄灭了，广场上的人得救了，市政厅和周围的房子也得救了。为了纪念于连，比利时一位著名的雕塑家在1619年雕塑了一个小孩儿撒尿的铜像，放在中心广场附近。从此，于连这个小英雄就世界闻名了。

课文(四)《狗的纪念碑》

1. 听后判别正误

　　（1）　　（2）　　（3）　　（4）　　（5）

2. 按照听到的内容的顺序在句子前边写序号

　　（　）如果看见有人面对大海，愁眉苦脸地坐在悬崖上，狗就知道他想自杀，于是赶快跑回旅馆，把老板找来。

　　（　）每当它看到人们在这里高高兴兴地游玩，就放心地跑来跑去。

　　（　）这条狗看见过不少跳海自杀的人，就学会了观察人们的表情。

　　（　）在悬崖附近有一个旅馆，旅馆的老板养了一条狗。

　　（　）这条狗就这样救了很多很多的人。

　　（　）老板就想办法劝慰那个人，帮助他树立生活的信心。

3. 填空

　　在澳大利亚的悉尼有一座为狗建立的纪念碑。这座为狗建立的纪念碑就在悉尼海滨高高的悬崖上。为什么要为狗建立纪念碑呢？大家知道，悉尼是一座美丽的＿＿＿＿＿＿，很多人从世界各地到这儿来旅游。有的人在本国失业了，有的人失恋了，还有的人失去了生活的信心，他们不想活了，就来到悉尼的悬崖上跳海自杀。在悬崖附近有一个旅馆，旅馆的老板养了一条狗，这条狗看见过不少跳海自杀的人，就学会了观察人们的＿＿＿＿＿＿。每当它看到人们在这里高高兴兴地游玩，就放心地跑来跑去。如果看见有人面对大海，愁眉苦脸地坐在悬崖上，狗就知道他想自杀。于是赶快跳回旅馆，把老板找来，老板就想办法劝慰那个人，帮助他树立生活的信心。这条狗就这样救了很多很多的人。后来，这条狗死了，人们想到它曾经救过那么多人，就在悬崖上为它＿＿＿＿＿＿＿＿＿＿了这个纪念碑。

课文(五)《狮身人面像》

1. 听后判别正误

（1）　　（2）　　（3）　　（4）　　（5）

2. 按照听到的内容的顺序在句子前面写序号

（　　）狮身人面像也叫斯芬克斯。

（　　）它让每一个过路的人猜，谁要是猜不着，它就把谁吃掉。

（　　）他制服了斯芬克斯，当了国王。

（　　）当时有一个叫俄狄浦斯的青年愿意去试试。

（　　）据说斯芬克斯从智慧女神那儿学会了很多谜语。

（　　）俄狄浦斯想了想就猜出来了。

（　　）斯芬克斯给俄狄浦斯出了一个最难猜的谜语。

（　　）国王说："谁能制服斯芬克斯，我就让谁当国王。"

3. 填空

　　埃及首都开罗的郊外有一个巨大的石像。这个石像的头像人，身体像＿＿＿＿＿＿＿＿＿＿，因此人们叫它狮身人面像。这座狮身人面像高20米，长57米，是古埃及第四王朝修建的，距离现在大约有4700年的历史。这里有一个狮身人面像的神话故事。狮身人面像也叫斯芬克斯。据说斯芬克斯从智慧女神那儿学会了很多＿＿＿＿＿＿＿＿＿＿。它让每一个过路的人猜，谁要是猜不着，它就把谁吃掉。有一次，国王的儿子被它吃掉了，国王非常生气，说"谁能制服斯芬克斯，我就让谁当国王。"当时有一个叫俄狄浦斯的青年愿意去试试。这天，斯芬克斯给俄狄浦斯出了一个最难猜的谜语。这个谜语的内容是：能发出一种声音，又能从四条腿变成两条腿，再变成三条腿，这是什么生物？俄狄浦斯想了想就猜出来了。他＿＿＿＿＿＿＿＿＿＿了斯芬克斯，当了国王。斯芬克斯被制服了，大风把它埋在地下。后来，国王梦见斯芬克斯在地下十分痛苦，就让人把它挖出来。从那时候一直保存到今天。

课文(六)《印度尼西亚的一个风俗》

1. 听后判别正误

 (1)　　　(2)　　　(3)　　　(4)

2. 按照听到的内容的顺序在句子前边写序号

 (　　) "石头，请你告诉公公，我去商店买东西，让他慢慢走。"

 (　　) 公公说："石头，对儿媳妇说，我从城里回来。"

 (　　) 如果公公和儿媳妇在路上遇见，当时没有别的人，那么石头、树、房子、路、路边的草或者其他东西都可以当中间人。

 (　　) 他们说话的时候都面对着石头，好像石头真的是一个中间人。

 (　　) 儿媳妇说："石头，公公从哪里来？"

3. 填空

　　印度尼西亚是一个多民族的国家，风俗习惯也多种多样。居住在苏门答腊岛上的巴达克族人，到现在还保留着一种古老的风俗，公公和儿媳妇不能_____，只有通过中间人才能进行谈话。比如，公公想吃苹果了，就说："阿里，问问儿媳妇，家里有苹果没有？"儿媳妇说："阿里，请告诉公公，我今天上午刚买了苹果，在冰箱里边。"这时候阿里就是中间人。阿里可以坐着或者站在那里一句话不说，因为公公和儿媳妇就在同一个地方，他们互相听得见对方说的话。如果公公和儿媳妇在路上遇见，当时没有别的人，那么石头、树、房子、路、路边的草或者其他东西都可以当_____。儿媳妇说："石头，公公从哪里来？"公公说："石头，对儿媳妇说，我从城里回来。""石头，请你告诉公公，我去商店买东西，让他慢慢走。"他们说话的时候都面对着石头，好像石头真的是一个中间人。

课文(七)《巴西的儿童村》

1. 听后判别正误

 (1)　　　(2)　　　(3)　　　(4)

第十课　你知道这些趣闻吗？

2. 按照听到的内容的顺序在句子前边写序号
   （　）儿童村的妈妈都是雇来的。
   （　）她们对待儿童就像亲生儿女一样，既负责抚养也负责教育。
   （　）一般都受过训练，懂得关心和照顾儿童，行为端正，脾气好，有毅力，热爱儿童教育。
   （　）她们有的是独身妇女，有的是死了丈夫的寡妇。

3. 填空

　　巴西有一些特别的村子，这些村子的居民差不多都是儿童，他们生活在同一个家庭里。这些家庭一般只有妈妈，没有爸爸，孩子们也不是亲兄弟姐妹，可是他们像＿＿＿＿＿＿样，互相关心，互相爱护。这就是社会福利协会办的儿童村。每个儿童村最少有12户人家，每户10来口人，住一套房子，包括卧室、客厅、厨房、厕所等等。儿童村的妈妈都是雇来的，她们有的是独身妇女，有的是死了丈夫的寡妇，一般都受过训练，懂得关心和照顾儿童，行为端正，脾气好，有毅力，热爱儿童教育。她们对待儿童就像＿＿＿＿＿＿一样，既负责抚养也负责教育。孩子们都是社会上的弃婴和孤儿。这些孩子被收养到儿童村，可以重新感受到家庭的温暖，重新得到母爱和手足之情。孩子们的生活费由社会福利协会提供，妈妈们的工资也由社会福利协会提供。

课文（八）《林肯和肯尼迪》

听后填表

	林　肯	肯尼迪
姓氏的字母数		
当选总统的时间		
星期几被刺		

	林　肯	肯尼迪
被刺前夫人的情况		
刺客是在身体的什么位置刺杀的		
刺客的姓氏种类		
刺客如何逃走的		
刺客的结局		
总统继承人的名字		
总统继承人出生的年份		
刺客出生的年份		
总统秘书的名字		

三　听后练习　After Listening

（一）口头回答问题

（二）逐段听，听后复述

Língtīng lǐjiě
聆听理解

zōnghé cèshìjuàn
综合测试卷

第一部分

1. A. 上大学
   B. 去外地上大学
   C. 在本市上大学
   D. 不考大学

2. A. 三场
   B. 四场
   C. 五场
   D. 六场

3. A. 马丁先生很喜欢中国的工艺品
   B. 马丁先生买了一件中国的工艺品
   C. 马丁先生现在在中国
   D. 马丁先生就要来中国了

4. A. 我认识他的妹妹
   B. 我认识他的女朋友
   C. 他有女朋友,但是还没结婚
   D. 我以为他的女朋友是他妹妹

5. A. 家具很多
   B. 家具很漂亮
   C. 家具是深色的
   D. 家具是浅色的

6. A. 8—9点
   B. 9~10点
   C. 10~11点
   D. 11~12点

7. A. 一个大学生
   B. 一个要考大学的学生
   C. 一个要找工作的人
   D. 一个已经工作的人

8. A. 他学习很忙
   B. 他工作很忙
   C. 他没有时间学习
   D. 他没有时间工作

9. A. 今天下雨了
   B. 今天刮风了
   C. 他们常常见面
   D. 他们不常见面

10. A. 他不习惯小张说话的声音
    B. 他不喜欢看到小张
    C. 他觉得小张不诚实
    D. 他觉得小张不爱说话

11. A. 他不愿意租房子住
    B. 他家有五口人
    C. 他家租房子住
    D. 他家住房很紧张

12. A. 现在"三口之家"最多
    B. "三口之家"最少
    C. 说话人最喜欢"三口之家"
    D. 说话人最不喜欢"三口之家"

13. A. 他很愿意说这方面的事
    B. 他不了解这方面的事
    C. 他对这方面的事已经不想再说了
    D. 他可以说一点这方面的事

14. A. 小英没收拾房间
    B. 小英正在收拾房间
    C. 小英正在等丈夫
    D. 小英正在做饭

15. A. 老王今年50多岁了
    B. 老王对北京很熟悉
    C. 老王是在北京出生的
    D. 老王喜欢住在北京

第二部分

16. A. 这样做好吗？
    B. 这样做不好
    C. 我同意这样做
    D. 我知道是这样

17. A. 上下级
    B. 同学
    C. 夫妻
    D. 师生

18. A. 很受欢迎
    B. 不太受欢迎
    C. 越来越受欢迎
    D. 不明确

19. A. 工作太辛苦，他们不满意
    B. 工资很高，他们很满意
    C. 他们快退休了
    D. 他们每天工作很长时间

20. A. 他们刚认识
    B. 他们好久没见面了
    C. 他们认识很久了
    D. 他们谈了很长时间

21. A. 都干完了
    B. 干了不到一半
    C. 干完一半了
    D. 干完一大半了

22. A. 她正在谈恋爱
    B. 她快结婚了
    C. 她已经结婚了
    D. 她还没找到对象

23. A. 他在进出口公司工作
    B. 他不喜欢现在的工作
    C. 工作的事还没定下来
    D. 他打算换工作

24. A. 大家的爱好
    B. 别人找对象的事
    C. 喜欢吃什么菜
    D. 怎么帮助朋友

25. A. 他不能判断同学们会考得怎么样
    B. 他说这种考试很好
    C. 他说这种考试太难
    D. 他说他一点也不了解

26. A. 他要参加朋友的婚礼
    B. 他在想给朋友送什么礼物
    C. 他觉得应该给朋友送礼物
    D. 他觉得不用给朋友送礼物

27. A. 对现在的孩子不听话非常不满
    B. 不同意女的说的
    C. 认为女的不会说话
    D. 认为女的说的话没用

28. A. 赞同
    B. 不满
    C. 道歉
    D. 道谢

29. A. 他看过以后才知道同意不同意
    B. 他一定会同意的
    C. 他不一定会同意的
    D. 他肯定不会同意

30. A. 是谁告诉你不去
    B. 我还没决定
    C. 你说得不对，我肯定要去的
    D. 你说得对，我不去

31. A. 愿意去劝他
    B. 认为自己去劝他也没用
    C. 要考虑一下
    D. 要女的去劝他

32. A. 没有希望了
    B. 还没定下来
    C. 等下一次
    D. 很可能去

33. A. 最好把买书的钱先给他
    B. 买到书以后再给他钱
    C. 不用给他买书的钱
    D. 不用急着给他买书的钱

34. A. 他们在商量一件事
    B. 他们对这件事的看法不一样
    C. 他们之间发生了不愉快的事
    D. 这件事让他们很生气

35. A. 完全可能办成
    B. 很可能办成
    C. 只有一点可能
    D. 不可能办成

第三部分

36. A. 要办借书手续
    B. 先交一点钱，还书时退回
    C. 不要办什么手续，自己随便取书
    D. 要先存包

37. A. 自己抄书
    B. 复印
    C. 用电脑
    D. 用打印机

38. A. 顾客忘了带钱
    B. 书价太贵，买不起
    C. 只需要书中的部分内容
    D. 其他一些原因

39. A. 会发财
    B. 会生病
    C. 特别多
    D. 特别少

40. A. 夫妻
    B. 恋人
    C. 同事

41. A. 都决定举行婚礼
    B. 不主张婚事大办
    C. 希望双方父母在经济上帮助

D. 同学

42. A. 准备结婚的东西
    B. 请谁吃饭
    C. 蜜月旅行
    D. 结婚的时间

44. A. 找新的住处
    B. 多交朋友
    C. 了解世界
    D. 找新工作

46. A. 吃得了
    B. 吃得饱
    C. 吃得好
    D. 吃得少

48. A. 睡觉
    B. 开车出去玩
    C. 工作或学习
    D. 吃东西

50. A. 英语
    B. 西班牙语
    C. 普通话
    D. 广东话

D. 举行婚礼后不安排蜜月旅行

43. A. 自己住的城市
    B. 美国别的城市
    C. 美国国内和国外
    D. 别的国家

45. A. 他们喜欢晴天
    B. 他们不喜欢阴天
    C. 他们喜欢下雨和下雪
    D. 他们不在乎天气好坏

47. A. 运动员
    B. 服务员
    C. 司机
    D. 记者

49. A. 一位导游
    B. 一位翻译
    C. 录音导游
    D. 天坛公园

词汇总表
Cíhuì zǒngbiǎo

A

| 爱心 | （名） | àixīn | 7 |

B

拜访	（动）	bàifǎng	8
半途而废		bàn tú ér fèi	9
包涵	（动）	bāohan	6
报案		bào àn	9
逼	（动）	bī	9
编辑	（动、名）	biānjí	1
辩证法	（名）	biànzhèngfǎ	2
博览会	（名）	bólǎnhuì	10

C

残暴	（形）	cánbào	10
草拟	（动）	cǎonǐ	6
测量	（动）	cèliáng	5
称职	（动）	chènzhí	5
成长	（动）	chéngzhǎng	1
成交		chéng jiāo	6
诚恳	（形）	chéngkěn	4
承担	（动）	chéngdān	2
刺	（动）	cì	10

D

大厅	（名）	dàtīng	3
待遇	（名）	dàiyù	4
胆子	（名）	dǎnzi	1
导火线	（名）	dǎohuǒxiàn	10
稻穗	（名）	dàosui	8
电子	（名）	diànzǐ	3
雕塑	（动、名）	diāosù	8
董事长	（名）	dǒngshìzhǎng	6
动画片	（名）	dònghuàpiàn	1
独生女	（名）	dúshēngnǚ	7
赌博	（动）	dǔbó	2
端正	（形）	duānzhèng	9
端庄	（形）	duānzhuāng	4

E

| 耳光 | （名） | ěrguāng | 9 |

F

发慌		fā huāng	4
发誓		fā shì	2
方案	（名）	fāng??àn	5
丰盛	（形）	fēngshèng	2
福利	（名）	fúlì	4
抚养	（动）	fǔyǎng	10
府上	（名）	fǔshang	8

G

钢铁	（名）	gāngtiě	10
港口	（名）	gǎngkǒu	8
高雅	（形）	gāoyǎ	6

	革命	（名、动）	géming	1
	公民	（名）	gōngmín	10
	沟通	（动）	gōutōng	7
	钩	（名）	gōu	3
	鼓励	（动）	gǔlì	7
	雇	（动）	gù	10
	光彩	（名）	guāngcǎi	9
	光彩照人		guāngcǎi zhào rén	9
	光临	（动）	guānglín	5
	光盘	（名）	guāngpán	1
	过程	（名）	guòchéng	4
H	行情	（名）	hángqíng	5
	海洋	（名）	hǎiyáng	8
	和蔼	（形）	hé'ǎi	9
	红领巾	（名）	hónglǐngjīn	9
	候车	（动）	hòuchē	3
	户口	（名）	hùkǒu	4
	活捉	（动）	huózhuō	10
	火炉	（名）	huǒlú	8
	货车站	（名）	huòchēzhàn	3
J	击中		jīzhòng	10
	基本功	（名）	jīběngōng	9
	坚强	（形）	jiānqiáng	1
	焦点	（名）	jiāodiǎn	1
	角度	（名）	jiǎodù	2

词汇总表

	接发		jiē fā	3
	接风	（动）	jiēfēng	6
	结论	（名）	jiélùn	5
	禁忌	（名）	jìnjì	6
	惊叹	（动）	jīngtàn	4
	决斗	（动）	juédòu	6

K

开朗	（形）	kāilǎng	4
开通	（动）	kāitōng	3
考验	（动）	kǎoyàn	2
宽敞	（形）	kuānchǎng	3
狂妄	（形）	kuángwàng	4

L

礼仪	（名）	lǐyí	4
立交桥	（名）	lìjiāoqiáo	8
连续	（动）	liánxù	1
联播	（动、名）	liánbō	1
联网	（动）	liánwǎng	1
列车	（名）	lièchē	3
领教	（动）	lǐngjiào	6
录用	（动）	lùyòng	4

S

率	（动）	shuài	6

M

满堂生辉		mǎntáng shēng huī	9
盲人	（名）	mángrén	7
闷热	（形）	mēnrè	8

115

	密切	（形）	mìqiè	2
	模拟	（动）	mónǐ	1
	末日	（名）	mòrì	9
N	内向	（形）	nèixiàng	2
P	排练	（动）	páiliàn	9
	派出所	（名）	pàichūsuǒ	9
	赔本		péi běn	5
	批发	（动）	pīfā	2
	批量	（名）	pīliàng	5
	披	（动）	pī	7
	屏幕	（名）	píngmù	1
Q	齐全	（形）	qíquán	3
	签订	（动）	qiāndìng	5
	签署	（动）	qiānshǔ	6
	前途	（名）	qiántú	4
	潜力	（名）	qiánlì	5
	歉意	（名）	qiànyì	2
	勤快	（形）	qínkuai	2
	全托	（动）	quántuō	7
	确认	（动）	quèrèn	5
	确指		què zhǐ	2
R	日程	（名）	rìchéng	5
	软件	（名）	ruǎnjiàn	4

	软卧	（名）	ruǎnwò	3
S	丧事	（名）	sàngshì	6
	上铺	（名）	shàngpù	3
	上弦		shàng xián	10
	舍不得		shě bu de	2
	设	（动）	shè	6
	深思	（动）	shēnsī	7
	盛	（动）	chéng	6
	狮子	（名）	shīzi	10
	时差	（名）	shíchā	5
	实话	（名）	shíhuà	7
	实话实说		shíhuà shíshuō	7
	实验	（动）	shíyàn	7
	售票		shòu piào	3
	熟练	（形）	shúliàn	4
	暑假	（名）	shǔjià	3
	爽快	（形）	shuǎngkuài	6
	顺序	（名、副）	shùnxù	3
	苏绣	（名）	sūxiù	8
	素质	（名）	sùzhì	4
	锁	（动、名）	suǒ	7
T	谈判	（动）	tánpàn	6
	讨饭		tǎo fàn	6
	疼爱	（动）	téng'ài	7
	题材	（名）	tícái	1

	天堂	（名）	tiāntáng	8
	天性	（名）	tiānxìng	7
	亭台楼阁		tíng tái lóu gé	8
	同仁	（名）	tóngrén	6
W	为难	（动）	wéinán	2
	温柔	（形）	wēnróu	1
	问讯处	（名）	wènxùnchù	3
	卧铺	（名）	wòpù	3
	武器	（名）	wǔqì	5
	物质	（名）	wùzhì	7
X	熄灭	（动）	xīmiè	10
	洗尘	（动）	xǐchén	6
	下铺	（名）	xiàpù	3
	现场直播		xiànchǎng zhíbō	1
	羡慕	（动）	xiànmù	2
	香料	（名）	xiāngliào	8
	香喷喷	（形）	xiāngpēnpēn	9
	想必	（副）	xiǎngbì	5
	销路	（名）	xiāolù	5
	小品	（名）	xiǎopǐn	1
	校刊	（名）	xiàokān	4
	协会	（名）	xiéhuì	10
	协议	（名）	xiéyì	5
	欣赏	（动）	xīnshǎng	1
	雄伟	（形）	xióngwěi	8

悬崖	（名）	xuányá	10

Y

洋腔洋调		yángqiāng-yándiàog	9
样品	（名）	yàngpǐn	5
意图	（名）	yìtú	4
毅力	（名）	yìlì	10
应聘	（动）	yìngpìn	4
映	（动）	yìng	8
硬卧	（名）	yìngwò	3
油漆	（名）	yóuqī	10

Z

遭遇	（动）	zāoyù	10
造成		zàochéng	7
责任	（名）	zérèn	2
炸	（动）	zhà	10
占领	（动）	zhànlǐng	5
站台票	（名）	zhàntáipiào	3
折中	（动）	zhézhōng	5
争论	（动）	zhēnglùn	1
征婚	（动）	zhēnghūn	1
直辖市	（名）	zhíxiáshì	8
值日	（动）	zhírì	7
制服	（动）	zhìfú	10
智慧	（名）	zhìhuì	10
中铺	（名）	zhōngpù	3
逐渐	（副）	zhújiàn	1
专程	（副）	zhuānchéng	9

壮观	（形）	zhuàngguān	8
着迷	（动）	zháomí	9
自觉	（形）	zìjué	9

北大版对外汉语教材·短期培训系列

速成汉语基础教程
Speed-up Chinese

主编 杨惠元

◆ 录音文本
◆ 参考答案
◆ 学习指导

·听力课本·
Listening Book

4 学习指导

北京大学出版社
PEKING UNIVERSITY PRESS

第1课　你想看什么节目？ ………………………………… 1

第2课　"忘年交"是什么意思？ …………………………… 14

第3课　有明天的卧铺票吗？ ……………………………… 27

第4课　你最近忙什么呢？ ………………………………… 39

第5课　布朗先生做什么生意？(1) ………………………… 53

第6课　布朗先生做什么生意？(2) ………………………… 68

第7课　你关心过他们吗？ ………………………………… 81

第8课　你了解这些城市吗？ ……………………………… 95

第9课　你想听留学生自己的故事吗？ …………………… 109

第10课　你知道这些趣闻吗？ ……………………………… 123

聆听理解综合测试卷 ………………………………………… 136

第1课　你想看什么节目？

> **学习目的**
> （一）训练学生听懂电视节目预告和有关看电视的话题。
> （二）微技能训练：提高学生辨别分析的能力、联想猜测的能力和概括总结的能力。
>
> **学习内容**
> （一）21个生词，精听课文5段，泛听课文两段。
> （二）听辨词语和句子。

一　听前练习

（一）词语练习

　　1. 听句子挑出生词，教师讲解生词

　　　（1）中国足球一直是人们关注的<u>焦点</u>。

　　　（2）电视台的工作人员对这届世界杯足球决赛的64场比赛重新进行了<u>编辑</u>，使球迷们在两个小时里能再次<u>欣赏</u>到那些精彩的比赛。

　　　（3）妻子要看电视<u>连续剧</u>，丈夫要看<u>现场直播</u>的体育比赛，两个人为这个争论了半天。

　　　（4）现在，农村<u>题材</u>的电影<u>逐渐</u>多了起来。

　　　（5）有的杂技演员会<u>模拟</u>动物的叫声。

　　　（6）他勇敢地走上了电视<u>屏幕</u>，参加电视<u>征婚</u>，他相信自己一定能找到理想的对象。

(7) 他给孩子买了几张动画片的光盘。

(8) 中国工商银行已经实现了联网，存钱取钱非常方便。

(9) 现在手写的汉字可以输入计算机，可以说这是一场计算机技术的革命。

(10) 男人应该有坚强的意志，女人应该有温柔的性格。

(11) 这孩子胆子太小，晚上不敢一个人睡觉。

(12) 孩子应该上幼儿园，这样有利于他们的成长。

2. 听句子，根据句意猜老师指出的词语的意思

(1) 今天看什么得听我的，我是一家之主。看足球。

(2) 孙子要看动画片，得了，我上老张家看去了。

(3) 我奶奶今年80岁了。虽然年事已高，但是身体仍然非常健康。

(4) 每天收看电视节目是她欢度晚年的一项重要的娱乐活动。

(5) "新闻联播"之后的天气预报也是奶奶每天必看的节目。

(6) 1983年以来，中央电视台的春节联欢晚会节目走进了千家万户。

(7) 以前，大年初一人们互相拜年，只是说一些祝福的话。现在，大年初一，人们除了这个老话题以外，常常三句两句就把话题转到春节联欢晚会上来。

(8) 大家知道，幼儿园里是女教师一统天下。

(二) 句子练习

1. 听句子，判别正误

(1)《轻松音乐学英语》第一套节目16点50分到17点05分首播，第二套节目20点45分到23点重播。意思是《轻松音乐学英语》节目每天播两次，每次内容不一样。　　　　　　　　　　(×)

(2) 动画片开始了，你们别说话了。家里就我一个孩子，你们应该让着我。意思是家里就我一个孩子，你们应该让我看动画片。

　　　　　　　　　　　　　　　　　　　　　　　　　　(×)

(3) 她一生没有别的爱好,就是爱看电视。意思是她一辈子只有看电视一个爱好。 (√)

(4) 看电视成了老百姓除夕之夜最重要的娱乐活动。意思是人们在除夕之夜主要的活动是看电视。 (√)

(5)《今晚我们相识》节目主要是为单身男女提供机会,帮助他们找到理想的伴侣。意思是这个节目是为没有结婚的青年男女找对象。 (×)

(6) 他们还为恋爱成功者举办集体婚礼。意思是他们组织、安排很多恋爱成功的人在一起举办婚礼。 (√)

(7) 今天是本台举办的家庭教育热门话题讨论的第五场。意思是今天举办的家庭教育话题讨论的第五场非常热闹。 (×)

(8) 我觉得正常的生活环境和教育环境对孩子性格的影响很大。意思是孩子性格受到生活环境和教育环境两方面的影响。 (√)

2. 听句子,口头回答问题

(1) 好了,观众朋友,本台今天晚上的节目就为您介绍到这儿,希望这些节目能陪伴您度过一个愉快的夜晚。

问:主持人希望什么?

(2) 这个节目选编了10首世界知名的英文歌曲,使学习者一边欣赏歌曲,一边练习发音,学习语法和歌曲语言的表达方式。

问:这个节目有什么特点?

(3) 奶奶平时不看报纸,她只是通过看电视台的新闻了解国内外的大事。

问:奶奶怎么样了解国内外的大事?

(4) 奶奶最不喜欢看的是广告,只要一播送广告,她就换别的台。

问:为什么电视台一播送广告,奶奶就换别的台?

(5) 奶奶是一个电视迷,每天都要看到播音员说"再见",她才关上电视机。

问:奶奶每天什么时候关电视机?

(6)《今晚我们相识》这个节目不仅青年人喜欢看，而且中老年人也喜欢看。

问：《今晚我们相识》这个节目办得怎么样？

(7)随着科学技术的发展，现在正在使用的模拟电视将被画面更清楚音乐更好听的数字电视代替。

问：从这句话我们知道数字电视有什么特点？

(8)现在的孩子一般都是独生子女，在家里受到太多的爱护，性格比较软弱。

问：现在的孩子有什么特点？

二　听时练习

课文(一)

听前提示：下面的三段节目预告是中央电视台的还是北京电视台的？主要内容是什么？

Ⅰ　晚上好，观众朋友们，今天是11月10日，星期一。今天晚上的电视节目是这样为您安排的。首先在18点10分请您收看BTV体育新闻，18点30分北京新闻、天气预报，19点转播中央电视台的新闻联播、天气预报，19点40分今日话题。

Ⅱ　观众朋友们，晚上好！欢迎各位收看中央电视台的节目。今天是10月28日，星期二，农历九月廿七。现在我来为您介绍一下本台今天晚上将要播出的电视节目。首先在19点是新闻联播。19点38分焦点访谈。19点55分欢迎各位收看电视连续剧《咱爸咱妈》第六集。20点45分为您播出的是第五届全国相声比赛的部分节目。中央电视台晚间新闻报道之后，22点30分欢迎您收看《人与自然》节目。23点播送地方台30分钟《大山的儿子》。之后是体育节目《足球世界》。好了，观众朋友，本台今天晚上的节目就为您介绍到这儿，希望节目能陪伴您度过一个愉快的夜晚。下面请您收看新闻联播节目。

Ⅲ 中央电视台将从9月1日起开播《轻松音乐学英语》节目。具体播出时间是：第一套节目16点50分到17点05分首播，第二套节目20点45分到23点重播，每天播出1集，每集15分钟。这个节目选编了10首世界知名的英文歌曲，使学习者一边欣赏歌曲，一边练习发音，学习语法和歌曲语言的表达方式。希望这个节目能帮助您轻松愉快地学好英语。

1. 连线

   （1）听后根据第Ⅰ段节目预告的内容连线

   18点10分　　　　　　北京新闻、天气预报
   18点30分　　　　　　新闻联播，天气预报
   19点　　　　　　　　今日话题
   19点40分　　　　　　体育新闻

   （2）听后根据第Ⅱ段节目预告的内容连线

   19点　　　　　　　　相声比赛的部分节目
   19点38分　　　　　　电视剧《咱爸咱妈》
   19点55分　　　　　　《人与自然》
   20点45分　　　　　　新闻联播
   22点30分　　　　　　体育节目《足球世界》
   23点　　　　　　　　焦点访谈
   23点30分　　　　　　地方台30分钟《大山的儿子》

2. 听后根据第Ⅲ段节目预告的内容填表

首播	第一套节目	16点50分到17点05分
重播	第二套节目	22点45分到23点

3. 填空

   18点10分、18点30分、19点、今日话题、19点、19点38分
   19点55分、20点45分、大山的儿子、16点50分、20点45分、15分钟

课文(二)

听前提示:周义全家为什么争论?结果怎么样?

情景:星期六晚上吃完晚饭以后,周义全家坐在电视机前看电视。

周义:儿子,爸爸跟你商量件事,今天就让爸爸先看。待会儿现场直播世界杯决赛,意大利对巴西,关键的一场比赛,你就让爸爸看一次吧。

儿子:我还想看动画片呢。

妻子:你看你,这么大人了,还跟孩子争。儿子,妈支持你,看动画片吧。看完以后,妈妈的电视连续剧就开始了,今天是最后一集,咱们得知道最后的结果,是不是?

周义:不行!今天得听我的,我是一家之主。看足球。

儿子:动画片开始了,你们别说话了。家里就我一个孩子,你们应该让着我。

妻子:好了,看动画片吧。

(爷爷从外面走进来。)

爷爷:几点了?哎哟,坏了!京剧《四郎探母》已经开演了,我可是等了一个下午了。

周义、妻子、儿子:啊?

爷爷:得了,我上老张家看去了。

周义:看来,咱们家得再买三台电视机。

儿子:同意,同意!太好了!

1.听后根据课文的内容连线

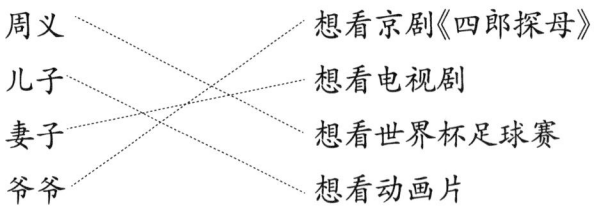

2.填空

世界杯决赛、动画片、电视连续剧、京剧

课文(三)

听前提示：奶奶喜欢看什么电视节目？

　　我奶奶今年80岁了。虽然年事已高，但是身体仍然非常健康。她没有什么特别的爱好，老了以后爱看电视。每天收看电视节目是她欢度晚年的一项重要的娱乐活动。家里人都知道奶奶最爱看的节目是每天晚上7点整中央电视台的新闻联播。奶奶平时不看报纸，她只是通过看电视台的新闻了解国内外的大事。

　　新闻联播之后的天气预报也是奶奶每天必看的节目，她觉得天气预报非常实用。了解了天气的变化，就可以注意增减衣服，还可以合理地安排第二天的活动。

　　奶奶还喜欢看历史古装电视剧，也喜欢看农村题材的电视剧，不喜欢看城市生活的电视剧。奶奶最不喜欢看的是广告，只要一播送广告，她就换别的台。以前，奶奶不太喜欢看京剧，不知道从什么时候开始，她又喜欢上京剧了，有时候还能跟着电视唱几句。

　　奶奶是一个电视迷，每天都要看到播音员说"再见"，她才关上电视机。

1. 听后根据课文的内容连线

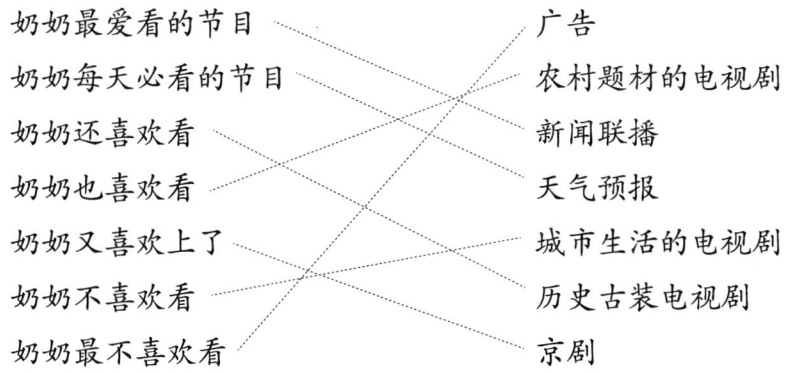

2. 填空

　　爱好、新闻联播、广告、播音员说再见

课文(四)

听前提示：这段课文主要告诉我们什么？

1983年以来，中央电视台的春节联欢晚会节目走进了千家万户，逐渐改变了人们过春节的习惯，看电视成了老百姓除夕之夜最重要的娱乐活动。可见，春节晚会办得好不好，已经不仅仅是电视台的事，而是影响到全国人民过年的大事了。

以前，大年初一人们互相拜年，只是说一些祝福的话。现在，大年初一，人们除了这个老话题以外，常常三句两句就把话题转到春节联欢晚会上来。昨天的晚会哪个节目好，哪个节目一般；哪个演员表演得好，哪个演员表演得不好。大家互相交流看法，有时还会争论几句。

为什么老百姓这样喜爱春节晚会呢？因为晚会集中了全国最有名的演员和最有民族性的节目，有音乐、舞蹈、歌曲、戏曲、杂技、小品、曲艺等等。满足了各个层次群众的不同的口味，节目的质量很高，趣味性、娱乐性和可视性都很强。

现在，人们对春节联欢晚会的要求越来越高。晚会的编导们把能想到的办法都用上了，他们总是提前准备，听取群众的意见，努力把晚会办得越来越好。

1. 听后选择正确答案

   这段课文主要告诉我们什么？
   A. 春节联欢晚会办得好不好，已经是影响到全国人民过年的大事了 ※
   B. 春节联欢晚会的节目怎么样
   C. 春节联欢晚会的演员怎么样
   D. 现在，人们对春节联欢晚会的要求

2. 填空

   春节联欢晚会、全国人民过年、春节联欢晚会、最有名的演员

课文(五)

听前提示:这段课文主要告诉我们什么?

电视红娘第一次跟观众见面是在90年代初。当时北京电视台开播了一个新节目《今晚我们相识》,为单身男女提供机会,帮助他们找到理想的伴侣。节目主持人是一位刚刚大学毕业的年轻漂亮的姑娘。她在主持节目的时候,脸上总是带着微笑,再加上节目的内容形式生动有趣,所以很快受到观众的喜爱。不仅青年人喜欢看,而且中老年人也喜欢看。这个节目的编导和主持人也被人们亲切地称为"电视红娘"。

现在,《今晚我们相识》改名叫《选择》,节目内容越来越丰富,走进电视征婚的人越来越多,有年轻人,也有中年人和老年人。电视红娘除了在电视上为大家服务以外,还在周末和节假日组织很多活动,比如舞会、座谈会、参观游览和旅行等等,这可以给男女朋友们提供更多的见面和互相了解的机会。他们还为恋爱成功者举办集体婚礼。那些获得美满婚姻的夫妇都激动地表示,永远不会忘记电视红娘,不会忘记《选择》的全体工作人员。

1. 听后口头回答问题

(1) 这个节目的名字是什么?请解释一下。
(2) 电视红娘是谁?请介绍一下。
(3) 人们为什么喜欢这个节目?
(4) 现在这个节目有什么变化吗?
(5) 听了这段课文你知道了什么新的信息?

2. 填空

90年代初、中老年人也喜欢看、男女朋友们

三 听后练习

(一) 口头回答问题

1. 你常看电视吗？常看哪个台的节目？
2. 你最喜欢看什么样节目？
3. 课文里介绍的节目你看过吗？
4. 介绍一个你最喜欢的电视节目。

(二) 讨论

你觉得中国的电视节目怎么样？

四 泛听练习

(一) 数字电视正在代替模拟电视

你知道吗？随着科学技术的发展，模拟电视正在被画面更清楚音乐更好听的数字电视代替。数字电视除了画面更清楚音乐更好听以外，还具有厚度薄重量轻的特点，它可以挂在墙上。1997年2月日本NEC公司制造了一台42英寸数字电视，整个电视才9.9厘米厚，是普通电视机的十分之一。

数字电视代替现在的模拟电视，不仅是因为它画面更清楚，音乐更好听，屏幕更大，墙上能挂，更是因为它能跟计算机技术结合，使数字电视成为电脑电视。既可以用它看电视、看录像、看光盘，又可以用它作为微机、互联网、联网电话、电子信箱、电子游戏机使用，还可以用于家庭购物。这样，人们的工作和生活就方便多了。比如，数字照相机跟数字电视结合，就不用洗照片、存相册，照了相直接存在电脑里，什么时候想看，就什么时候看。要是送给朋友，可以使用彩色打印机，想印多少就印多少，想印多大就印多大。还可以把几张照片编辑在一起打印。特别是家庭购物，不出家门，不去银行，就可以买到需要的东西。所以有人说，数字电视代替模拟电视是一场电视的革命。

1. 听后选择正确答案

　　这段课文主要告诉我们什么？

　　A. 为什么说数字电视代替模拟电视是一场电视的革命

　　B. 模拟电视为什么正在被数字电视代替　※

　　C. 数字电视功能很多

　　D. 数字电视非常方便

2. 听后口头回答问题

　　听了这段课文你知道了什么新的信息？

（二）热门话题讨论

主持人：各位来宾，电视机前的观众朋友们，你们好！今天是本台举办的家庭教育热门话题讨论的第五场。大家知道，幼儿园里女教师一统天下。近几年，随着社会的变革，幼儿园里出现了男教师，虽然还很少，但是引起了很多人的思考和争论。今天我们请来了几位家长、幼儿园的老师和教育专家，对"幼儿园里该不该有男教师"的话题进行讨论。好，下面讨论开始。

教师A：我是幼儿园的老师，姓张。

主持人：您好，张老师。

教师A：我认为幼儿园教师是女性职业，我看女教师更合适。这是由幼儿园教育的两个特点决定的。第一是孩子们的年龄特点，幼儿园的孩子大多在3到6岁，生活能力很差。他们刚刚离开家庭走入幼儿园，需要母亲一样的爱护。第二是女教师的特点，女教师性格温柔、细心，会关心孩子、照顾孩子，能够给孩子母亲一样的爱护。

主持人：谢谢张老师。张老师谈了幼儿园教育的两个特点。下面哪位谈？

家长A：我是孩子的家长。

主持人：请问您贵姓？

家长A：我姓陈。听说在美国的幼儿园里有男教师带着孩子们爬山、爬树、在泥水里玩儿，锻炼孩子们的意志和性格。现在的孩子一般都是独生子女，在家里受到太多的爱护，性格比较软弱。在幼儿园里还跟性格温柔的女教师在一起，不利于培养勇敢、坚强、自信的性格。我想如果幼儿园有一些愿意从事幼儿教育的男老师，教育的效果会更好。

家长B：我也是孩子的家长，姓刘。我觉得正常的生活环境和教育环境对孩子性格的影响很大。由父亲、母亲和孩子组成的家庭是正常的生活环境；有男教师和女教师的学校和幼儿园是正常的教育环境。如果孩子每天生活在只有"妈妈"，没有"爸爸"的环境中，不能不说是一种遗憾。在我的家里，孩子的爸爸工作特别忙。孩子从幼儿园回来以后，大部分时间跟我在一起，玩儿的是比较安静的游戏。所以孩子的胆子小，意志不坚强。我希望幼儿园里有男教师，用男性的坚强教育孩子，影响孩子，使孩子在正常的生活环境和教育环境中成长。

主持人：刚才两位家长谈了他们的看法。下面哪位继续谈？

教师B：我也是幼儿园的老师。我姓吴。我觉得不管男教师、女教师，只要喜欢幼儿教育，对孩子有爱心，能够关心孩子，有教育孩子的能力，都可以当幼儿园的教师，并且能够做好这个工作。

主持人：上面几位老师和家长谈了他们的看法。下面我们请苏先生谈谈。苏先生是一位教育专家。

专　家：大家好！我的想法是，孩子的发展应该是全面的。既要有善良、温柔的性格，又要有勇敢、坚强和自信的性格。刚才那位家长说了，要让孩子在正常的生活环境和教育环境中成长，这很重要。社会是由男人和女人组成的。孩子在有男人和女人的环境中生活、受教育，就能够健康地成长。现在幼儿园里男教师很少，有很多原因，并不是男教师不适合做幼儿园教师。在世界上，很多儿童教育专家就是男性。幼儿园里有男教师将是儿童教育发展的一个方向。有"男教师"这个问题已经引起家长和社会的重视。我希望家长、幼儿园的老师、领导和社会各个方面共同努力，提高幼儿教育的质量，让孩子们在全面发展的环境中健康成长。幼儿园的男老师，可以根据条件安排，也可以进行试验，用试验的结果说明男教师在幼儿园工作合适不合适。

主持人：谢谢大家来参加讨论，也感谢观众朋友们收看。好，我们下次节目再见。

听后选择正确答案

(1) 这次热门讨论的话题是什么？

　　A. 幼儿园该不该有男老师 ※

　　B. 幼儿园里应该有男老师

　　C. 幼儿园教师是女性的职业

　　D. 家庭教育热门话题

(2) 专家的意见是什么？

　　A. 幼儿园应该有男教师 ※

　　B. 幼儿园不应该有男教师

　　C. 社会是由男人和女人组成的

　　D. 现在幼儿园男教师少有很多原因

(3) 主持人的意见是什么？

　　A. 幼儿园里应该有男教师

　　B. 幼儿园里不应该有男教师

　　C. 可以根据条件安排,也可以进行试验 ※

　　D. 领导要重视幼儿教育

第2课 "忘年交"是什么意思？

学习目的
（一）训练学生听懂关于友情的话题。
（二）微技能训练：提高学生辨别分析的能力、联想猜测的能力和概括总结的能力。

学习内容
（一）17个生词，精听课文4段，泛听课文4段。
（二）听辨词语和句子。

一 听前练习

（一）词语练习

听句子，挑出生词并回答问题

1. 艾米喜欢热闹，大内喜欢安静，性格比较内向。
   问：艾米和大内的性格有什么不同？

2. 没想到艾米有那么多的中国朋友，真让人羡慕。
   问：说话的人羡慕艾米什么？

3. 大内很勤快，总是把宿舍打扫得干干净净。
   问：为什么说大内很勤快？

4. 小王的丈夫常常赌博，把家里的钱都给输光了。
   问：小王的丈夫常常做什么？

第2课 "忘年交"是什么意思？

5. 小王提出离婚，她丈夫<u>发誓</u>以后再也不赌博了。

   问：小王的丈夫为什么发誓以后再也不赌博了？

6. 这箱苹果市场价是100元，<u>批发</u>价只有60元。

   问：这箱苹果批发价比市场价便宜多少钱？

7. 这件事他没有干好，出了问题，他应当<u>承担责任</u>。

   问：为什么说他应当承担责任？

8. 今天的饭菜很<u>丰盛</u>，都是你一个人做的吗？

   问：今天的饭菜怎么样？

9. 从商人的<u>角度</u>看问题，做生意就是为了<u>赚钱</u>，从朋友的角度来说，应该友情重于金钱，这是<u>辩证法</u>。

   问：从商人的角度看问题跟从朋友的角度看问题有什么不同？

10. 让他在10分钟之内写完作业，有点儿<u>为难</u>他了。我看1个小时能写完就不错了。

    问：今天的作业多不多？

11. 小张又一次失约了，他再一次向女朋友表示<u>歉意</u>。

    问：小张为什么向女朋友表示歉意？

12. 老王跟几个朋友来往非常<u>密切</u>，他说要搬走了，大家还真有点儿<u>舍不得</u>。

    问：大家为什么有点儿舍不得？

(二) 句子练习

听句子，判别正误

(1) 大内说："我羡慕艾米的交际能力，她有那么多朋友。"王兰说："我倒是认为朋友不在多。"王兰的意思是她不同意大内的看法。

(√)

(2) "花文丽对你有意思，说不定爱上你了"。听了这话，庄德信以为真。意思是花文丽爱上了庄德。

(×)

(3) 庄德说:"只要能和花文丽结婚,别说3个条件,就是300个条件我也答应。"这句话的意思是只要能和花文丽结婚,他能答应花文丽的任何条件。   (√)

(4) 既然他把你看做朋友,就绝对不会是为了钱。这句话的意思是他把你当朋友看,是因为你有很多钱。   (×)

(5) 吕新和石正保是中学时候的好朋友,吃喝不分,形影不离。意思是这两个人的关系非常密切,总是在一起。   (√)

(6) 唐小明现在是一个人吃饱了一家子不饿。意思是唐小明吃得太多了。   (×)

(7) 程大嫂找了几个朋友凑了5000块钱。这句话的意思是程大嫂的几个朋友给了她5000块钱。   (×)

(8) "有朋自远方来,不亦乐乎。"意思是有朋友从很远的地方来,是令人高兴的事。   (√)

(9) "为朋友两肋插刀。"意思是为了朋友,有勇气做任何事情。   (√)

二 听时练习

课文(一)

听前提示:是不是交朋友越多越好?

情景:大内一个人坐在校园的长椅上看书,王兰走过来了。

王兰:大内,你怎么一个人在这里?天气这么好,怎么没跟大家一起出去玩儿玩儿?

大内:你不是也没出去吗?

王兰:我喜欢安静。

大内:我也是。在这儿看会儿书多好。

王兰:看起来,你跟我差不多,都很内向,不像艾米那样善于交际。

大内:是啊,我羡慕艾米的交际能力,有那么多朋友,每个星期天都有人约她出去。

王兰：我倒是认为交朋友不在多。中国有句俗话："人生得一知己足矣。"你知道什么意思吗？

大内：人在一生中得到一个知心朋友就可以很满足了，是吧？

王兰：对。

大内：一生中只有一个知心朋友，是不是太少了？

王兰：这里的"一"含有少的意思，不是确指一个。一生中交上一两个真正的知心朋友很不容易了。你想想，从小学、中学到大学的朋友，有几个现在跟你还有联系？

大内：没有。我一出国，以前的朋友都没有来往了。

王兰：是啊。真正的朋友不管你走到哪儿，他都想着你，关心你，而且到永远。

大内：你说得有道理。在遇到困难的时候，有一两个像你这样的朋友来帮助就很满足了。

1. 听后判别正误

   （1）艾米性格内向，喜欢一个人看书。　　　　　　　　　　　（✗）

   （2）王兰的性格和大内差不多。　　　　　　　　　　　　　　（✓）

   （3）"人生得一知己足矣。"这句话的意思是：人在一生中得到一个知心朋友就可以很满足了。　　　　　　　　　　　　　　　　　　（✓）

   （4）大内来中国前有很多朋友，他们现在还有来往。　　　　　（✗）

   （5）一生中交上一两个真正的知心朋友很不容易。　　　　　　（✓）

2. 听后口头回答问题

   大内为什么羡慕艾米？王兰也羡慕她吗？

3. 填空

   天气、内向、太少、来往

课文（二）

听前提示：关于朋友之间的交往，还有哪些说法？

情景：大内和王兰继续谈交朋友的话题。

大内：我在一本书里看到这样一句话："君子之交淡如水。"我不明白，朋友之间的交往怎么像水一样清淡呢？清淡不是没有味道吗？

王兰：这句话是说：品德高尚的人之间的交往不是为了私利，因此他们的友谊就像水一样清淡。

大内：原来是这样。那咱们之间也可以说是"君子之交淡如水"了。

王兰：当然可以。中国人喜欢交朋友，关于朋友之间的交往，还有很多说法。比如："忘年交"、"海内存知己，天涯若比邻"、"路遥知马力，日久见人心"、"为朋友两肋插刀"、"有朋自远方来，不亦乐乎"等等。

大内："忘年交"是什么意思？

王兰：忘记了年龄的差别成了很好的朋友，你想这是什么样的人？

大内：我明白了，是说年纪大的人和年纪轻的人结成好朋友吧？

王兰：对了。"海内存知己，天涯若比邻"是说很远很远的地方有知心朋友，虽然远在天边，可是却好像邻居那样近。

大内：这才是真正的朋友。"路遥知马力"，"路遥"和"马力"是人的名字吗？

王兰：不是，"路遥"是路很远的意思，"马力"是马的力气。这句话是说：路途远才知道马的力气大不大；时间长了才知道人的心好不好。就是说，是不是真正的朋友得经过长时间的了解、考验才能知道。

1. 听后根据课文的内容连线

君子之交淡如水　　　　　　　　年纪大的人与年纪轻的人结成好朋友

忘年交　　　　　　　　　　　　是不是真正的朋友得经过长时间的了解、考验才能知道。

海内存知己，天涯若比邻　　　　品德高尚的人之间的交往不是为了私利，因此他们的友谊就像水一样清淡。

路遥知马力，日久见人心　　　　知心朋友虽然远在天边，可是却好像邻居那样近。

2. 填空

味道、忘年交、年纪轻的人、邻居那样近、长时间

课文(三)

听前提示：下面这个故事里有几个人物？他们之间是什么关系？

情景：王兰给大内讲了一个关于友情的真实故事。

王兰：大内，我给你讲一个真实的故事吧。

大内：是关于什么的？

王兰：你听完就知道了。花文丽和林秀妹是光华村的一对漂亮姐儿。她们从小学就是好朋友。花文丽比林秀妹大3岁。她处处像大姐姐一样关心照顾林秀妹。高中毕业以后，她们先后结了婚。花文丽嫁给一个医院的大夫，林秀妹嫁给一个商店的经理。花文丽的丈夫又老实又勤快，家务活总是抢着干，他们的日子过得非常幸福。没想到结婚才一年花文丽的丈夫就去世了。

大内：她真够不幸的。后来她又结婚了吗？

王兰：村子里好多人给她介绍对象，她说："不着急，我要找一个条件合适的人。"再说林秀妹，她的丈夫庄德又抽烟又喝酒，还常常赌博。输了钱回家就跟老婆吵架。林秀妹没有办法，只好跟他离了婚。庄德离婚以后没人给他做饭、洗衣服，一个人非常寂寞。有一天一个邻居跟他开玩笑，说："花文丽对你有意思，说不定爱上你了。"庄德听了信以为真，第二天就去找花文丽。花文丽对他说："你不是想结婚吗？那得答应我3个条件：一不抽烟，二不喝酒，三不赌博。每个月把工资都交给我。"庄德说："别说3个条件，就是300个条件我也答应。"

大内：后来呢？

王兰：后来，庄德真的一支烟不抽，一口酒不喝，再也不去赌博，而且每个月把工资都交给了花文丽。半年以后，庄德提出要跟花文丽结婚。花文丽说："你明天来吧，明天我请你吃饭，谈谈你结婚的事。"庄德很高兴，第二天来到花文丽的家。看见桌子上摆满了丰盛的饭菜，还有

3双筷子。庄德很奇怪,两个人吃饭,为什么放3双筷子呢?另一位客人是谁?这时,花文丽从里边的房间里请出一个人来,庄德一看,正是自己以前的妻子林秀妹。原来,林秀妹知道庄德把坏毛病都改了,在花文丽的劝说下就原谅了他,同意跟他复婚。庄德想起以前做的事情,觉得太对不起林秀妹,眼泪一下子就流了出来。花文丽把庄德给她的12000块钱交给林秀妹。吃完饭,花文丽陪着林秀妹和庄德高高兴兴地去办复婚手续去了。

大内:这个花文丽真够朋友。

1. 听后判别正误

  (1) 庄德是个大夫。   (×)

  (2) 花文丽结婚才一年,她的丈夫就去世了。   (√)

  (3) 林秀妹跟丈夫离婚的原因是她的丈夫又抽烟又喝酒,还常常赌博。

                             (√)

  (4) 花文丽真的答应跟庄德结婚。   (×)

  (5) 庄德为了和花文丽结婚,答应了花文丽提出的300个条件。 (×)

  (6) 林秀妹知道庄德毛病都改了,同意跟他复婚。   (√)

2. 听后口头回答问题

  (1) 花文丽和林秀妹各自的婚姻生活幸福吗?

  (2) 林秀妹的丈夫以前是个什么样的人?现在呢?他是怎么改变的?

  (3) 故事的结果是怎样的?

3. 填空

  关于、3、先后、去世、寂寞、300、有3双、12000

课文(四)

听前提示：金汉成向方云天请教了一个什么问题？方云天是怎么回答的？方云天给金汉成讲了一个什么故事？

情　景：金汉成去上海旅行的时候把钱包丢了，钱包里除了钱以外，还有护照和学生证。他回到北京一个星期以后，一位好心人把他的钱包寄来了。

方云天：听说你在上海丢了钱包，是哪位好心人给你寄回来了？

金汉成：你看，这是他给我的信，最后只写了"你的中国朋友"几个字。我正想请教你，怎么才能找到这位中国朋友，找到以后是不是应该给他寄去一些钱，向他表示感谢呢？

方云天：你可千万别这样做，既然他把你看做朋友，就绝对不会是为了钱。

金汉成：我真有福气，遇到了这样一位好心人。

方云天：对了，你将来不是要经商吗？我给你讲一个《友情和金钱》的故事吧。

金汉成：这个故事跟我有关系吗？

方云天：我想听听你对这个故事的看法。

金汉成：好吧。我练习练习听力。

方云天：有两个人，一个叫吕新，一个叫石正保。他们俩中学的时候是非常要好的朋友，吃喝不分，形影不离。中学毕业以后，吕新考上了大学，石正保没考上大学去做生意。两个人见面的机会少了，可是还常常打个电话，问候问候。有一天，吕新去石正保那儿，看见石正保正在进货，说："这手机不错。"石正保告诉他这是名牌货，质量很好，批发价才360块。吕新说："给我来一个怎么样？"石正保想了想说："拿到柜台上卖，至少400块。你给400吧。"吕新没想到，他们是好朋友，石正保还赚他40块，真是认钱不认人了。于是很生气地走了。

金汉成：我觉得吕新没有必要生气。友情是友情，买卖是买卖。他应该理解石正保是商人，当然应该赚钱。

方云天：你要是石正保也赚朋友的钱吗？

金汉成：刚才是从吕新的角度说。我要是石正保，就送给他一个手机，或者按批发价给他。从石正保的角度来说，应该友情重于金钱。

方云天：行，你还挺懂得辩证法。

1. 听后判别正误

 (1) 金汉成在上海旅行时把钱包丢了。   (√)

 (2) 金汉成知道是谁把钱包给他寄回来了，他想给这人寄去一些钱。(×)

 (3) 吕新和石正保一直是好朋友。   (×)

 (4) 石正保是商人，他按批发价卖给吕新一个手机。   (×)

 (5) 金汉成认为友情归友情，买卖是买卖，如果他是石正保，也会赚朋友的钱。   (×)

2. 听后口头回答

 方云天为什么说金汉成懂得辩证法？

3. 填空

 好心人、好心人、机会、生气、金钱

三 听后练习

(一) 再听一遍课文 (一) 至课文 (四)，然后根据课文的内容，从A、B中选择大内应该说什么

 1. 王兰：大内，你怎么一个人在这里？天气这么好，怎么没和大家一起出去玩儿玩儿？

   大内：……

   A. 我不想出去   B. 你不是也没出去吗 ※

 2. 王兰：真正的朋友不管你走到哪里，他的心里都想着你、关心你，而且到永远。

   大内：……

   A. 你说得有道理 ※   B. 我也这么想

3. 王兰："君子之交淡如水"这句话是说：品德高尚的人之间的交往不是为了私利，因此他们的友谊就像水一样清淡。

大内：……

A. 现在我明白了，那咱们之间也可以说是"君子之交淡如水"了

B. 原来是这样，那咱们之间也可以说是"君子之交淡如水"了　※

(二) 口头回答问题

学习了以上的课文你得到了哪些新的信息？

四　泛听练习

(一) 铁哥儿们

汤小平和唐小明小学是同班同学，中学是同年级的同学，大学是同一个系的同学，大学毕业以后在同一个公司当职员，是同事。他们上班一起去，下班一起回来，经常在一起吃饭、看电影、去卡拉OK歌厅。后来，汤小平结了婚，有了一个女儿。唐小明呢，还是一个人吃饱了一家子不饿。汤小平给唐小明介绍了好几个姑娘，唐小明都看不上。

上个月，汤小平又陪他见了一个姑娘，这一次唐小明和对方都比较满意，准备继续交往。就在回来的路上，一辆摩托车飞快地向他们开来，汤小平用力一推，把唐小明推开，摩托车撞在自己身上。唐小明赶快抱起汤小平，想把他送到医院。汤小平只说了声："燕燕，甜甜……"就闭上了眼睛。燕燕是汤小平的爱人，甜甜是他的女儿。

汤小平去世以后，唐小明非常难过。他想："汤小平是为我而死的。他死后最不放心的是爱人和女儿。我该怎么办呢？"上星期，他跟新交的女朋友分手了，打算跟燕燕结婚，承担起丈夫和父亲的责任。大家都说："唐小明和汤小平真是铁哥儿们！"

听后判别正误

(1) 一个人吃饱了一家子不饿的意思是他家的人都吃得很饱。（✗）

(2) 汤小平给唐小明介绍了好几个姑娘，唐小明都看不上。意思是汤小平给唐小明介绍的姑娘唐小明都不满意。（✓）

(3) 一辆摩托车向他们开过来，唐小明用力一推，把汤小平推开，摩托车撞在自己身上。（✗）

(4) 唐小明死后最不放心的是他的爱人和女儿。（✗）

(5) 唐小明想跟燕燕结婚是要承担起丈夫和父亲的责任。（✓）

(二) 好姐儿们

一天，陈大嫂下班回到家，程大嫂交给她一封信。陈大嫂打开一看，是娘家不幸着火，把家里的东西都烧光了，让她带一些钱回去。当时陈大哥正在病中，需要陈大嫂照顾。为了给陈大哥治病，家里的钱都用光了，还跟别人借了不少钱。怎么办呢？陈大嫂怕陈大哥着急，也不敢把这件事告诉陈大哥。程大嫂看陈大嫂为难的样子，说："你别着急，明天你回家去看看，我有两千块钱，你带回去。陈大哥由我照顾，你就放心吧。"第二天一早，程大嫂又找几个朋友凑了5000块钱，还有10多件衣服，交给陈大嫂。陈大嫂接过这些钱和衣服，连声说："谢谢你，太谢谢了！"程大嫂说："谢什么？咱们不是好姐儿们吗？"

听后判别正误

(1) 程大嫂交给陈大嫂一封电报。（✗）

(2) 陈大嫂的娘家不幸着火，家里的东西都被烧光了。（✓）

(3) 程大哥正在病中，需要程大嫂照顾。（✗）

(4) 程大嫂怕程大哥着急，没敢把家里着火的事告诉程大哥。（✗）

(5) 程大嫂找了几个朋友凑了5000块钱，还有10多件衣服，交给陈大嫂。（✓）

(6) 程大嫂对陈大嫂连声说："谢谢你，太谢谢了！"（✗）

(三)实在的老年

老年、老田和老咸住在一个楼里,来往密切,是交往几十年的老朋友了。老年是个实在人,别人说什么他都相信。这一天,老田和老咸商量,想跟老年开个玩笑,让他请客。下班以后他们一起去找老年,告诉老年他们要搬家了。老年听了这个消息,心情很不好。他想,老田和老咸搬走以后,见面的机会就少了。他问老田和老咸什么时候搬家,老田说就是最近几天。老年说:"以后我们不能常见面了,明天我请客,请你们到我家来吃饭,好不好?"老田和老咸一边笑一边说:"太好了!谢谢你的邀请。"第二天,他们来到老年家。老年做了老田喜欢吃的红烧鱼,老咸喜欢吃的辣子鸡丁。还有很多很多好吃的菜。他们一边吃喝一边聊天儿,从晚上6点一直吃到10点。吃完以后老年问:"你们要搬到什么地方去?"老田回答:"我搬到老咸那儿,老咸搬到我那儿。"老年说:"咱们三家不是还在一个楼里吗?"说完,三个人都哈哈大笑起来。

听后判别正误

(1) 老年、老田和老咸住在一个楼里,是非常要好的朋友。　　　(√)
(2) 老田和老咸跟老年开了个玩笑。　　　(√)
(3) 老年是个实在人,他真的以为老田和老咸要搬家了。　　　(√)
(4) 老年请老田和老咸去他家吃饭,他做了很多好吃的菜。　　　(√)
(5) 最后老年知道了老田和老咸是跟他开玩笑,不是真的搬家。　　　(√)

(四)聚会

张英在大学时有三个最好的朋友——宋春兰、卢丽丽和苏颖。她们四个人在同一个班、同一个宿舍共同学习和生活了四年,建立了深厚的感情。毕业的时候,她们在一起又哭又笑,舍不得分开,还发誓让友情继续下去,谁也不能忘记谁,并且商量好,每年春节都要聚会一次。

第一个春节到了,四个人都来了。她们一起去饭馆吃了一顿。每个人都说了在这一年中的生活和经历,还表示了互相思念的感情。

第二个春节到了，来聚会的是张英、宋春兰和卢丽丽。苏颖因为正在谈恋爱，不能来。她打来一个电话，表示歉意。

　　第三个春节到了，来聚会的是张英和宋春兰。卢丽丽正在谈恋爱，不能来了。她也打了个电话表示抱歉。苏颖更不能来了，因为她已经有了一个儿子，今年她连电话也没打来。

　　第四个春节到了，张英等了半天，谁也没来。一会儿宋春兰打来电话，说："实在对不起，我的男朋友明天要出国，今天我得陪他收拾东西。"卢丽丽和苏颖连电话也没打来。

　　后来，张英也谈恋爱、结婚、生了孩子。她每天都很忙，也不再想聚会的事了。

听后判别正误

　　(1) 第一年聚会四个人都来了。　　　　　　　　　　　　　　(√)
　　(2) 第二年聚会来了三个人，张英没来。　　　　　　　　　　(×)
　　(3) 第三年聚会来了两个人，卢丽丽和苏颖没来。　　　　　　(√)
　　(4) 第四年聚会只来了一个人，宋春兰、卢丽丽和张英没来。　(×)

第3课　有明天的卧铺票吗？

> 学习目的
>
> （一）训练学生听懂和乘坐火车有关的话题。
>
> （二）微技能训练：提高学生辨别分析的能力、联想猜测的能力和快速反应的能力。
>
> 学习内容
>
> （一）12个生词，精听课文5段，泛听课文两段。
>
> （二）听辨词语和句子。

一　听前练习

（一）词语练习

听句子挑出生词并回答问题

1. 放<u>暑假</u>了，彼得打算去乌鲁木齐旅行，他买了一张<u>卧铺</u>票，他坐的是特快<u>列车</u>，有空调。

   问：彼得暑假去哪儿旅行？他买的是什么票？

2. 山本正和金汉城买了两张<u>站台票</u>，他们要送彼得，他们从<u>电子屏幕</u>上看到了发车时间。

   问：山本正和金汉成买了两张什么票？他们从哪儿看到了发车时间？

3. 北京西客站是一个现代化的火车站，它的功能<u>齐全</u>，售票的地方也很<u>宽敞</u>。到了那儿，如果你想去什么地方，却不知道怎么走，你可以去问<u>讯处</u>问一下。

问：北京西客站是一个什么样的火车站？如果你想去什么地方不知道怎么走可以去哪儿问？

4. 现在开始检票，请旅客排好队，不要拥挤，顺序通过检票口。

问：现在开始检票，请旅客做什么？

5. 车厢里有衣帽钩，你可以把轻的东西挂在上面。

问：轻的东西放在哪儿？

6. 北京西客站全部开通以后，每天将能接发列车90对。

问：北京西客站全部开通以后每天能接发列车多少对？

7. 如果你打算买火车票，你要到售票大厅去买，你打算等火车，你可以去候车大厅。

问：在哪儿买火车票？在哪儿等火车？

8. 火车的卧铺票分为硬卧和软卧两种，硬卧又有上铺、中铺和下铺之分，其中下铺较贵。

问：火车的硬卧票分为几种？

9. 这个车站是货车站，所有列车都是运送货物的。

问：这是一个什么车站？列车运送什么？

(二) 句子练习

1. 听对话，根据对话内容接着把B的话说完

(1) B：有明天去桂林的卧铺票吗？

A：明天去桂林的卧铺票，硬卧有两张，软卧没有了。

B：正好，我……

(2) A：山本，你看，那不是丁兰吗？丁兰——

B：是你们啊？没想到……

(3) A：我们今天来这儿买火车票。

B：怎么不去学校旁边的售票处买。干吗跑……

(4) A：现在时间还早，咱们去国际候车室休息一会儿。

B：别去国际候车室，那儿都是外国人，咱们还是……

(5) A：山本，快点儿，开始检票了。

　　B：别着急，……

(6) A：你拿不动了吧？我帮你提这个包。

　　B：不用了，……

2. 听句子，口头回答问题

(1) 小姐，我要买两张去桂林的卧铺票，T5特快的还有吗？有没有空调？

　　问：这个人想买什么种类的票？

(2) 反正我回学校也没什么事，丁兰，我陪你去接人吧。

　　问：说话人为什么陪丁兰去接人？

(3) 丁兰的叔叔坐18次列车来北京，电子屏幕上写着"从哈尔滨来的18次列车10点10分正点到达，进第五站台"。

　　问：丁兰什么时间在什么地方可以接到叔叔？

(4) 各位旅客请注意：开往南宁方向的T5列车现在开始检票了，请旅客们排好队，不要拥挤，顺序通过检票口。

　　问：哪列火车要开了？

(5) 列车员说："这位先生，你的箱子太重了，放在卧铺下边吧，把旅行袋放在行李架上。"

　　问：这位先生把箱子放在哪儿了？

二 听时练习

课文（一）

听前提示：注意在火车站怎么买票？

情景：山本和大内在北京站售票大厅买票。

山　本：小姐，我买两张去桂林的卧铺票。

售票员：哪天的？

山　本：明天的有吗？

售票员：硬卧有两张，软卧没有了。

山　本：正好，我就想买硬卧，不想买软卧。是T5特快吗？有没有空调？

售票员：是。特快列车都有空调。给你，一张上铺，一张中铺，一共828块。

山　本：给您钱。几点发车？

售票员：明天早上9点05分。

山　本：后天中午到桂林吧？

售票员：对，11点半。900块，找你72块。

山　本：谢谢。

1. 听后快速口头回答问题

　　（1）山本买的是去哪儿的车票？是硬卧还是软卧？是几次列车？有空调吗？一张多少钱？

　　（2）坐5次特快列车从北京到桂林要用多长时间？

2. 填空

　　桂林、T5、828、9点05分、11点半、900、72

课文（二）

听前提示：山本和大内为什么不在离学校最近的售票处买票？

情景：山本和大内刚从售票大厅出来遇见了丁兰。

大内：山本，你看，那不是丁兰吗？丁兰——

丁兰：是你们啊？没想到在这儿碰见你们俩。

大内：放暑假了，你也去旅行吗？

丁兰：不是，我来接人。我叔叔和婶子今天到北京，在这儿玩儿几天。你们去哪儿旅行？

山本：桂林，昆明。我们今天来买火车票。

丁兰：怎么不在学校旁边的售票处买？干吗跑到这么远的地方来呀？

第3课　有明天的卧铺票吗？

山本：我们公司的一位同事从日本来了，就住在对面的国际饭店，我跟他有个约会。

丁兰：票好买吗？

大内：不好买。我们8点半来的，现在都9点20了。

丁兰：你们现在去哪儿？

山本：我去国际饭店，她回学校。

大内：反正我回学校也没什么事，丁兰，我陪你去接人吧。

丁兰：行，待会儿咱们一块儿回学校。山本，你去忙你的吧。

山本：好，再见！

丁兰：再见！大内，北京站你进去过吗？

大内：没有。

丁兰：咱们先去买站台票，我带你在里边转转。

1. 听后快速口头回答问题

（1）哪个火车站离山本他们学校最近？他们为什么不在西直门火车站买票？

（2）今天的票好买吗？为什么？

（3）丁兰到火车站来做什么？进火车站接人得买什么票？

2. 填空

　　旅行、约会、一块儿、里边

课文（三）

听前提示：注意丁兰的叔叔坐的火车几点到北京站？停在第几站台？

情景：丁兰和大内买好站台票，进入北京站候车大厅。

大内：今天我第一次来这儿。

丁兰：是吗？我来过很多次了。咱们先看看电子屏幕。

大内：你叔叔坐的是多少次列车？

丁兰：18次。你看，从哈尔滨来的18次列车10点10分正点到达，进第五站台。

大内：还有半个小时。

丁兰：咱们先在这儿转转。

大内：这里边人真多。咱们去第五站台怎么走？

丁兰：你看，那是问讯处。要是你想去什么地方，却不知道怎么走，可以去问讯处问问。那边是国际候车室，你们外国人可以直接去那儿等候上车，不用跟别人一起挤来挤去。你看，那里还有母子候车室，带小孩儿的母亲可以去那儿等候。

大内：我们去桂林在西客站上车，那儿也有国际候车室吗？

丁兰：有。

大内：厕所在哪儿？你知道吗？

丁兰：我看看，在那儿。

大内：你去不去？

丁兰：你去吧，我在这儿等你。

1. 听后快速口头回答问题

　　(1) 丁兰的叔叔坐的是几次列车？几点到北京？丁兰要去第几站台接他？

　　(2) 丁兰是怎么知道这些消息的？在问讯处可以问什么？

2. 填空

　　10点10分正点、五、西客站

课文（四）

听前提示：山本和大内在第几候车室候车？在什么地方？

情景：山本和大内来到北京西客站。

大内：现在时间还早，咱们先去国际候车室休息一会儿。

山本：别去国际候车室了，那儿都是外国人。咱们还是跟中国人在一起吧。

大内：那在第几候车室候车？

山本：看看电子屏幕。你看，在第六候车室。

大内：第六候车室在哪儿？一、二、三、四，第六候车室可能在楼上。

山本：走，上电梯。

大内：在那儿。咱们先找个椅子坐下吧。

山本：好，行李放这儿吧。你看着东西，我去买点儿吃的。

广播：各位旅客请注意：开往南宁方向的5次列车现在开始检票了，请旅客们排好队，不要拥挤，顺序通过检票口。

大内：山本，快点儿，开始检票了。

山本：别着急。咱们跟着往前走就行了。

1.听后快速口头回答问题

　　(1)山本为什么不愿意去国际候车室？

　　(2)山本他们在第几候车室候车？第六候车室在哪儿？

　　(3)检票的时候广播里说什么？

2.填空

　　六、六、吃的、南宁、5

课文（五）

听前提示：山本他们的车厢是几号？他们的卧铺是几号铺？

情景：山本和大内进站后找他们的车厢。

大　内：请问，5号车厢在哪儿？

列车员：前边，往前走。

山　本：这是9号，是餐车。还得往前。

大　内：等等我。

山　本：你拿不动了吧？我帮你提这个包。

大　内：不用了，前边就到了。对不起，请让一让。

山　本：到了，这就是5号车厢。

大　内：真不容易，我都快累死了。上去吧。

山　本：咱们是1号上铺和中铺。你在上边还是下边？

大　内：上边，上边安静。

山　本：行，我在下边。这儿离厕所很近，夜里上厕所很方便。

大　内：你先帮我把箱子放在行李架上。

山　本：你的箱子太重了，放在卧铺下边吧。把旅行袋放在行李架上。

大　内：书包挂在这儿行吗？

山　本：不行，那是衣帽钩，不能挂重的东西。给我，也放在行李架上。

大　内：小姐。餐车几点开饭？

列车员：午饭11点半到13点，晚饭17点到19点半。你们知道餐车在哪儿吗？

山　本：知道，在9号车厢。

1. 听后快速口头回答问题

　　（1）山本他们的车厢是几号？他们的卧铺是几号铺？离什么地方很近？

　　（2）大内想把箱子放在什么地方？山本要把她的箱子放在哪儿？为什么？

　　（3）书包和旅行袋放在哪儿？

2. 填空

　　5、9、5、13点、19点半、9

三 听后练习

(一) 再听一遍课文 (一) 至课文 (四)

1. 听后根据课文的内容连线

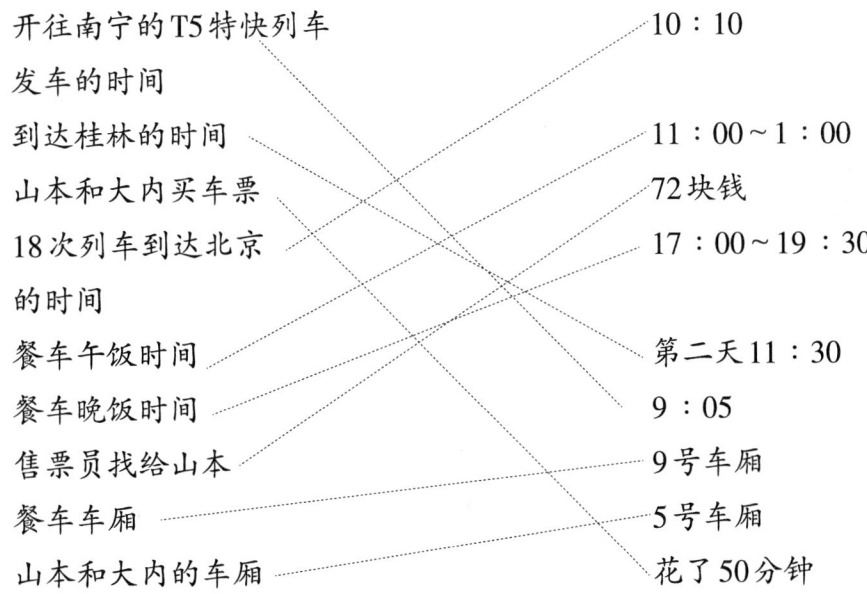

开往南宁的T5特快列车	10:10
发车的时间	
到达桂林的时间	11:00～1:00
山本和大内买车票	72块钱
18次列车到达北京的时间	17:00～19:30
餐车午饭时间	第二天11:30
餐车晚饭时间	9:05
售票员找给山本	9号车厢
餐车车厢	5号车厢
山本和大内的车厢	花了50分钟

2. 听后根据课文的内容连线

餐车	买票
售票大厅	上车
候车大厅	吃饭
站台	问路
问讯处	等车
国际候车室	检票
母子候车室	外国人在这儿等候上车
检票口	带小孩的母亲在这儿等车

(二) 口头回答问题

学习了以上课文你得到哪些新的信息?

四 泛听练习

(一)坐火车的是我

那一天,彼得坐火车去乌鲁木齐旅行,山本正和金汉成来火车站送他。离开车还有一段时间,他们三个人在站台上聊天,聊着聊着忘了开车的时间。站台上的工作人员以为他们不是坐这趟火车的,也没提醒他们。后来,站台上的工作人员想,万一他们是坐这趟车的呢?就大声喊:"火车就要开了,没上车的旅客赶快上车!"

听到喊声,彼得和山本正、金汉成才向火车跑去。没拿行李的山本正和金汉成刚上了火车,火车就开动了。拿着行李的彼得在后边追了半天也没上去,只能看着火车开走了。他很生气。

站台上的工作人员劝他说:"别生气了,三个人上去两个就不错了。要是我不喊你们,恐怕你们一个也上不去。你说,我说的对不对?要是三个人都上不去,那才糟糕呢!"

"您说的都对。"彼得说,"不过,要坐火车的是我,上了火车的那两位,是来给我送行的。"

听后选择正确答案
(1)坐火车的是谁?
　　A.彼得　※　　　B.山本正　　　C.金汉成
(2)谁没上去火车?为什么?
　　A.彼得,聊天儿忘了时间　※
　　B.山本正,火车开得太快
　　C.金汉成,拿着很多行李

(二)北京的火车站

你知道吗？北京一共有5个火车站——北京东站、北京南站、北京西站、北京北站和北京火车站。其中北京南站最大，北京东站最小。北京东站是货车站，一般不停客车。

北京南站原名叫永定门火车站，有"亚洲第一火车站"之称。2006年北京南站进行扩建改造工程，2008年8月1日，北京南站正式重新开通运行。北京南站地上二层为高架候车层，是旅客进站层，中央为独立的候车室，东西两侧是进站大厅，自北向南为各个候车区。检票进站全部由自动验票系统控制。北京南站还实现了乘客不出站台零距离换乘，站内共设有111部电梯，把候车大厅，站台层和地下换乘大厅连接为一体。旅客可以通过这些设施无障碍地进出站和到达车站的各个服务区域。

北京北站也叫西直门火车站，它是中国自己设计建造的第一条铁路——北京到张家口铁路上的车站。北京北站改建以后2009年1月17日正式投入使用。改建后的北京北站共有11个站台，站台有效长度由原来的377米延长到550米。北京北站是北京通往中国东北、西北客运和货运的主要车站。

北京西站于1996年1月22日正式开通。去武汉、广州、香港九龙、桂林、南宁、昆明、西安、成都、兰州、乌鲁木齐的火车都从这里开出。北京西客站有宽敞的售票大厅。作为现代化的火车站，它的功能齐全，技术设备先进，候车环境舒服。中国南北最长的铁路是京九铁路，北京西客站是京九铁路的龙头，从北京坐火车可以直接到达香港九龙。

北京火车站也叫北京站，在崇文门的东边，是1958年修建的。当时，它是全国最大的火车站之一。从北京开出和到达的快车都经过这里。北京南站和北京西站建成以后。北京站主要承担京沪线——北京到上海和京哈线——北京到哈尔滨的客运任务了。今天看来，这个车站显得小了。但是北京站仍然是首都北京的重要窗口，有"首都迎宾门"之称。

听后选择正确答案

1. 目前北京最大的火车站是哪个?
   A. 北京南站※   B. 北京北站   C. 北京西站   D. 北京站
2. 哪个车站是客运和货运车站?
   A. 北京南站   B.北京北站※   C.北京西站   D. 北京站
3. 去广州在哪个车站上车?
   A. 北京南站   B.北京北站   C.北京西站※   D. 北京站
4. 去哈尔滨在哪个车站上车?
   A. 北京南站   B.北京北站   C.北京西站   D. 北京站※

第4课 你最近忙什么呢？

学习目的

（一）训练学生听懂关于求职方面的会话。

（二）微技能训练：提高学生辨别分析的能力、联想猜测的能力和概括总结的能力。

学习内容

（一）19个生词，精听课文4段，泛听课文5段。

（二）听辨词语和句子。

一 听前练习

（一）词语练习

1. 听句子挑出生词，教师讲解生词

   （1）这家电脑软件公司准备招聘2名技术熟练的工人，要求有北京户口。试用期3个月，合格以后正式录用。

   （2）这家公司很有发展前途，给职工的福利待遇也不错，所以应聘的人比较多。

   （3）面试的时候应该态度诚恳，既不要过分谦虚，也不要给人狂妄的印象。

   （4）艾米热情开朗，大内端庄大方，她们是两种不同性格的人。

   （5）要想当好老板的秘书，就必须理解老板的意图。

   （6）为了提高学生的素质，学校开设了礼仪课。

(7) 丁兰是校刊的记者，她向学校领导介绍了访问张教授的过程。

(8) 到过长城的人都会为它的雄伟而惊叹。

(9) 他考试的时候有些发慌，会做的练习也做错了。

2. 听句子，根据句意猜老师指出的词语的意思

(1) 这家德国的独资公司最近开发了许多新产品。

(2) 应聘以前你应该把自己的简历、学历和身份证明准备好。

(3) 那个小伙子一直在公园门口东张西望，可能是等什么人。

(4) 这些电话号码他已经背得滚瓜烂熟了，一张口就能说出来。

(5) 他们为了公司的利益，每天早来晚走，星期日也不休息。

(二) 句子练习

听句子，口头回答问题

(1) 这是一家美国的独资公司，是专门从事电脑软件技术研究和开发的企业。

问：这是一家什么公司？

(2) 应聘人员中能够熟练使用现代化办公设备的，优先考虑。

问：公司希望应聘人员最好具备什么条件？

(3) 下星期我要去面试，昨天王才跟我谈了他两次去公司面试的情况，我心里直打鼓。

问：对王才来说，面试顺利吗？

(4) 如果你认为这个工作很适合你，就要把适合你的原因用简单的话说清楚，让人觉得这个工作你一定能做好。

问：要想得到这份工作，你应该怎么办？

(5) 在回答问题时，要看着对方的眼睛，不要东张西望，也不要低着头。

问：在回答问题时，应该注意什么？

(6) 听说公司管理非常严格，工作效率很高，比较重视对员工的培训和提高，工作条件和福利待遇也比较好。

问：在这家公司工作有什么好处？

二 听时练习

课文(一)

听前提示：下面是一家公司的一条招聘广告。注意：这是一家什么公司？准备招聘什么人？

情景：王才在宿舍楼门口遇见丁兰，跟她谈一条招聘广告。

王才：丁兰，昨天的《北京晚报》你看了吗？

丁兰：没看。有什么重要新闻吗？

王才：重要新闻倒没有，上面有一条招聘广告，你应该看看。

丁兰：你的报纸呢？给我看看。

王才：刚才让方云天借走了。大概的内容我记住了，我给你说说吧。

丁兰：是什么公司？

王才：力迈公司。

丁兰：力迈公司？没听说过。

王才：这是一家美国的独资公司，是专门从事电脑软件技术研究和开发的企业。他们说，为了适应今后在北京的业务发展，要招聘一些工作人员。

丁兰：都招聘什么人？

王才：有5名推销员、1名高级秘书。我觉得高级秘书挺适合你。

丁兰：是吗？

王才：他们的条件是：女性，30岁以下，大学本科，英语专业，英语要求流利、熟练。对了，还有，他们说，能够熟练使用现代办公设备的，优先考虑。

丁兰：这些我都没有问题。还有别的条件吗？

王才：他们要求有北京的正式户口。这你也没问题。

丁兰：怎么跟他们联系？

王才：把你的简历、学历、身份证的复印件和两张照片，还有通讯地址、电话号码，15号以前寄到建国门外大街20号力迈公司办事处。

丁兰：是不是还得去北京市外国企业服务总公司办手续？

王才：对。不过，那是录用以后的事。我看你的条件不错，去应聘没准儿能成。

1. 听后口头回答问题

（1）招聘广告都包括一些什么内容？
（2）招聘高级秘书的条件是什么？
（3）怎么跟招聘公司联系？

2. 听后选择正确答案

这段课文的主要内容是什么？
A. 丁兰想应聘高级秘书
B. 介绍一条招聘广告　※
C. 介绍力迈公司
D. 介绍如何跟招聘公司联系

3. 填空

广告、高级秘书、正式户口、条件

课文（二）

听前提示：丁兰最近忙什么？

情景：丁兰在食堂遇见山本，他们谈起找工作的问题。

山本：丁兰，你最近忙什么呢？我好久没看见你了。

丁兰：忙什么？找工作呗。

山本：找得怎么样了？

丁兰：前天我去一家美国公司应聘，第一关笔试通过了，下星期还要过面试这一关。

山本：面试你没问题。

第4课　你最近忙什么呢?

丁兰：不一定。昨天王才跟我谈了他两次去公司面试的情况，我心里直打鼓。

山本：怎么回事？

丁兰：王才第一次面试，那个外国老板问他："我需要一名翻译，你有能力干好吗？"他说："尽管我的日语水平不高，但我可以试试。"

山本：这么说哪儿行？结果吹了吧？

丁兰：可不是。

山本：你们中国人总是太谦虚，不会推销自己。那第二次呢？

丁兰：他把自己夸奖了一顿，人家又说他太骄傲，不能跟同事们搞好关系。也没成功。

山本：看来王才真是不会推销自己，推销自己是一门学问，也是一门艺术。这样吧，我有个朋友田中，是日本一家公司驻北京办事处的代表，他们公司每次招聘，他都是主考官。请他给你介绍介绍经验怎么样？

丁兰：那太好了。

1. 听后口头回答问题

    （1）王才两次面试为什么没通过？

    （2）山本认为推销自己容易不容易？

    （3）山本要请自己的朋友田中来做什么？为什么？

2. 听后选择正确答案

    这段课文的主要内容是什么？

    A. 介绍王才两次面试的情况

    B. 推销自己是一门艺术，也是一门学问　※

    C. 山本要请自己的朋友来介绍经验

    D. 丁兰为自己的面试担心

3. 填空

    找工作、试试、学问、艺术、经验

课文(三)

听前提示：面试时要注意哪些问题？

情景：在山本的宿舍，田中给丁兰介绍面试的经验。

丁兰：田中先生，面试的时候要注意哪些问题？

田中：首先要有自信心。如果你认为这个工作很适合你，就要把适合你的原因用简单的话说清楚。让人觉得这个工作你一定能干好。当然，说话要实事求是，态度还要诚恳，既要表现出自信，又不能让人觉得你很狂妄。狂妄的人很难跟同事搞好关系。

丁兰：一般来说，你们喜欢什么性格的人？

田中：有的工作适合性格开朗的人，有的工作需要性格内向的人，这是不一定的。不管性格怎么样，对人都要真诚、友好。在回答问题的时候，要看着对方的眼睛，不要东张西望，也不要低着头。特别是女孩子，要注意克服不敢看着对方的毛病。

丁兰：我也有你说的毛病，以后得注意。

田中：面试是你跟老板第一次见面，给别人的第一个印象非常重要。除了说话、表情以外，衣着方面也要注意。男士最好穿西服，打领带；女士要穿得体的服装，可以化淡妆，让人看上去端庄大方。

丁兰：面试考外语吗？你们对外语的要求是不是很高？

田中：当然很高。特别是高级秘书，必须有很好的听说读写的能力。在外国公司工作，要接电话，要跟老板交谈，要看得懂外文信件、短信，还要把老板的意图用外文记录下来。外文水平不高怎么行呢？

丁兰：面试合格以后就能成为公司的职员吗？

田中：一般来说要有3个月的试用期，在试用期里，老板要进一步考察，合格以后才能成为公司的正式职员。

山本：二位别只顾说话，喝点儿咖啡吧。

第4课　你最近忙什么呢？

1. 听后口头回答问题

   （1）面试时应该如何表现？

   （2）面试时对性格有要求吗？

   （3）对衣着有什么要求？

   （4）为什么当高级秘书必须有很好的听说读写能力？

   （5）面试合格后，就能成为公司的职员吗？

2. 听后选择正确答案

   这段课文的主要内容是什么？

   A. 介绍面试时的衣着

   B. 介绍面试时对外语的要求

   C. 介绍面试的经验　※

   D. 介绍面试时回答对方问题时应注意什么

3. 填空

   自信心、友好、端庄大方、进一步

课文（四）

听前提示：丁兰是怎样参加面试的？

情景：丁兰参加面试。

考官：小姐，你好！

丁兰：您好，先生！

考官：欢迎你来我们公司应聘。

丁兰：谢谢。

考官：请你做一下自我介绍。

丁兰：好。我叫丁兰，是北京语言大学英语系的学生，今年7月毕业。大学期间除了英语以外，我还选修了国际贸易、高级文秘、礼仪学等课程。

考官：你有什么爱好和特长吗？

丁兰：我爱好音乐、书法，喜欢打网球，在学校当过播音员、校刊记者。

考官：请你谈谈对本公司的了解。

丁兰：贵公司是美国在北京的一家独资公司，是专门从事电脑软件技术研究和开发的企业。听说公司管理非常严格，工作效率很高，比较重视对职员的培训和提高，工作条件和福利待遇也比较好。我相信在贵公司老板的领导下工作，能充分发挥自己的才能，为公司多作贡献。

考官：你想应聘哪方面的工作？

丁兰：我想应聘高级秘书的工作。我认为秘书是一项很重要的工作，能够全面了解公司的业务情况，接触很多人。在老板身边工作能够直接向老板学习，提高我各方面的素质。我的性格比较开朗，办事认真，能和同事搞好关系。大学期间我经常用英语写文章。假期打工，我曾经在一家公司当过秘书，有一定的经验。我还能熟练地使用电脑。您看，这是我的简历，一份中文的，一份英文的。

考官：不错。后天下午两点，你再来一次，我们详细谈谈。这是我的名片。

丁兰：谢谢。我可以走了吗？

考官：可以。再见！

丁兰：再见！

1. 听后口头回答问题

    (1) 丁兰是从哪几个方面介绍自己的？

    (2) 丁兰对力迈公司的了解如何？

    (3) 丁兰为什么愿意应聘高级秘书？

2. 听后选择正确答案

    这段课文的主要内容是什么？

    A. 丁兰介绍自己

    B. 丁兰认为秘书是一项很重要的工作

    C. 丁兰对力迈公司很了解

    D. 丁兰面试的经过　※

3. 填空

爱好和特长、非常严格、办事认真

三　听后练习

(一) 口头回答问题

1. 你对什么工作感兴趣？为什么？
2. 如果你去应聘，你怎样介绍自己？
3. 你同意"推销自己是一门学问，也是一门艺术"这一说法吗？为什么？
4. 谈谈你自己的求职经历。

(二) 再听一遍课文(一)至课文(四)，听后选择正确答案

1. 王才为什么和丁兰谈论昨天的《北京晚报》？
   - A. 晚报上有一条重要新闻
   - B. 晚报上有一条招聘广告　※
2. 力迈公司是一家什么性质的公司？
   - A. 独资　※
   - B. 合资
3. 应聘人员必须具备什么条件？
   - A. 能熟练使用现代办公设备
   - B. 有北京的正式户口　※
4. 王才的第二次面试为什么没通过？
   - A. 太谦虚
   - B. 人家说他太骄傲　※
5. 面试时首先应该有什么？
   - A. 自信　※
   - B. 谦虚
6. 面试时能给招聘者留下第一个印象的是应聘者的什么？
   - A. 说话、衣着
   - B. 说话、表情、衣着　※
7. 下面哪些不是丁兰的爱好？
   - A. 音乐、绘画、播音　※
   - B. 音乐、书法、播音

四 泛听练习

(一)二加二等于几

　　德风公司想招聘一名女秘书。第一天就有不少年轻的姑娘前来应聘。但是按照经理的要求面试以后,一个也没选中。

　　第二天,又来了两位姑娘,经理向她们提出一个问题:"2加2等于几?"那两个姑娘马上说:"等于4。"经理摇摇头,什么也没说。过了一会儿,又来了一位姑娘,经理向她提出同样的问题,那位姑娘轻声地说:"先生,您喜欢等于几就等于几。"结果她被选中了。

1. 听后判别正误
　　(1) 德风公司想招聘一名秘书。　　　　　　　　　　　　(×)
　　(2) 第一天有不少年轻人前来应聘。　　　　　　　　　　(×)
　　(3) 面试以后经理选中了一个。　　　　　　　　　　　　(×)
　　(4) 经理的问题是:"2加2等于几?"　　　　　　　　　　(√)
　　(5) 回答"等于4"的姑娘没被选中。　　　　　　　　　　(√)
　　(6) 回答"您喜欢等于几就等于几"的姑娘被选中了。　　(√)

2. 听后选择正确答案
　　为什么回答"您喜欢等于几就等于几"的姑娘被选中了?
　　A. 经理不喜欢"2加2等于4"
　　B. 经理喜欢"2加2大于4"　※

(二)察言观色

　　业余推销员亨利谈成了一笔生意,他很高兴,就和助手一起去逛大街。走着走着,忽然亨利吹起口哨,惊叹地说:"那姑娘一定漂亮极了!"

　　"谁?我怎么没看见?对面只有几个小伙子,哪有什么姑娘?"助手说。

"姑娘在咱们的后面。"亨利说。

"你没回头,怎么知道咱们后面有姑娘?"

"咱们干推销工作的必须善于察言观色。你看看走过来的小伙子的眼神。"

听后选择正确答案

(1) 亨利怎么知道后面的姑娘漂亮极了?

  A. 他回头看了　　　　　　B. 他注意了对面小伙子的眼神　※

(2) 谁是称职的推销员?

  A. 亨利　※　　　　　　　B. 亨利的助手

(三) 诚实是真

  那天去公司面试,看见十几个年轻漂亮的姑娘,她们打扮得很时髦。从考场里出来,一个个笑容满面。显然她们考得不错。我最后一个走进考场。那个黄头发、蓝眼睛的主考官一看见我就用英语说:"小姐,我觉得你很面熟,好像在哪儿见过你。"可是我从来没有见过这个人。于是我很有礼貌地用英语回答:"先生,我没有印象,不记得在哪儿见过您。"主考官说:"小姐的英文说得真不错。你是在哪儿学的?""我是在北京语言大学学的。""你没出过国吗?""没有。"考官好像想起了什么,突然说:"噢,我想起来了,几个月以前我在伦敦见过你。那时你在英国一家培训中心学习。你是在英国学的英语,而且你有工作经验。就是你,没错儿!"另外的几个考官也点头,说:"是她!是她!"我一下子有些发慌,不知道说什么好。如果我承认那个人是我,可能对得到这个工作有利,可那不是真的。于是我肯定地说:"我从来没有出过国,我的英语是在国内学的,我也没有工作经验。你们可能认错人了。"主考官坚持说:"我不会认错人,我肯定见过你。"我也坚持说:"您说的那个人真的不是我!"考场一下子安静下来,没有一点儿声音。过了一会儿,考官们鼓起掌来。主考官微笑着握住我的手说:"小姐,祝贺你!你被录取了,诚实是真!"后来我才知道,那天面试只录取了我一个人,那些比我年轻漂亮的姑娘都没有通过"诚实"这一关。

听后判别正误

(1) 其他十几个年轻漂亮的小姐比"我"考得好。　　　　　　　　（×）
(2) "我"的英语说得很好,是在英国学的。　　　　　　　　　　（×）
(3) "我"如果承认去过英国,有工作经验,对得到这个工作有利。（×）
(4) 考官说在英国见过"我",他认错了人。　　　　　　　　　　（×）
(5) 考官说在英国见过"我",是想了解"我"诚实不诚实。　　　（√）
(6) "我"被录取了,是因为"我"比别的姑娘漂亮。　　　　　　（×）
(7) "我"被录取了,是因为"我"比别的姑娘诚实。　　　　　　（√）
(8) 那些年轻漂亮的姑娘没被录取是因为她们没有通过"诚实"这一关。
　　　　　　　　　　　　　　　　　　　　　　　　　　　　（√）

(四)你是彼得的学生

　　为了提高自己的英语水平,我参加了一个英语培训班。教我们口语的是美国人彼得。他常说中国人不会推销自己。如果考官问你为什么要来本公司工作,你就回答:你们公司是一家世界有名的公司,也是很有发展前途的公司;我一直关心和注意你们这家公司,对你们公司的业务非常感兴趣;我所学的专业正好和你们公司对口,在贵公司老板的领导下,一定能充分发挥我的才能;我愿意为贵公司多作贡献。我把这些话背得滚瓜烂熟,就等着面试了。

　　去公司面试的那天,考官真的问我:"你为什么要来本公司工作?"我很高兴,顺口说出:"你们公司是一家世界有名的公司,也是很有发展前途的公司;我一直关心和注意你们这家公司……"我还没说到一半,考官把后面的话都说出来了。我张着嘴,不知道说什么好。我和考官对视了一下,两个人哈哈大笑起来。他说:"你是彼得的学生吧?十几年前,彼得是我的学生,我就是这样教他的。现在他的学生来面试也这样说。看来,你是我学生的学生。"就这样,我被录取了。

听后选择正确答案

考官为什么录取了"我"?

A. 因为彼得是"我"的老师

B. 因为考官今天很高兴

C. 因为"我"的英语水平很高

D. 因为"我"学会了推销自己　※

(五)谁被录取了?

张三、李四、王五都想当推销员,他们一起去应聘。面试那天,老板问了两个问题。第一个问题:"你们觉得过程和结果哪个更重要?"

张三:"过程比结果重要。只要经历过,努力过,能不能达到目的不重要。经历越多,经验也就越多。过程是一个人的财富。"

李四:"我觉得过程和结果都不重要。一个人想怎么生活就怎么生活,自己觉得满足最重要。"

王五:"结果比过程重要。就好像足球比赛,不管用什么方法踢,只要进球,赢球,就能成为世界冠军。我们在公司工作,公司的目的是获得利润,只要获得利润,公司就能发展。所以结果比过程重要。"

老板的第二个问题是:"现在有并排两家商店,一家商店的名字是《中国最便宜的商店》,另一家的名字是《世界最便宜的商店》。如果给你钱,让你在两家商店旁边开一家商店,你给商店起什么名字?"

张三:"叫《宇宙最便宜的商店》。"

李四:"叫《李四店》。"

王五:"我会在商店的门口上边挂一块大牌子,上面写着《入口处》,这就是商店的名字。"

你想,他们三个人谁被录取了?

听后选择正确答案

他们三个人谁被录取了？为什么？

A. 张三被录取了。因为他觉得过程比结果重要。他的商店的名字是"宇宙最便宜的商店"

B. 李四被录取了。因为他觉得过程和结果都不重要。他的商店的名字是"李四店"

C. 王五被录取了。因为他觉得结果比过程重要。他的商店的名字是"入口处" ※

第5课　布朗先生做什么生意？(1)

> **学习目的**
> (一) 训练学生听懂外贸商务方面的谈话。
> (二) 微技能训练：提高学生辨别分析的能力、联想猜测的能力和概括总结的能力。
>
> **学习内容**
> (一) 20个生词，精听课文4段，泛听课文4段。
> (二) 听辨词语和句子。

一　听前练习

（一）词语练习

听句子挑出生词，教师讲解生词

1. 纽约和北京的<u>时差</u>是几个小时？

2. <u>迎宾</u>小姐对山本正和金汉成说："<u>欢迎光临</u>，请里边坐！"

3. 力迈公司跟优胜公司<u>签订</u>了好几个贸易<u>协定</u>。

4. 这个旅行团在北京的<u>日程</u>已经安排好了。

5. 只有先看看<u>样品</u>，我们才能决定是否<u>批量</u>进口你们的产品。

6. 这么好的产品，<u>想必</u>能够打开<u>销路</u>，<u>占领</u>这里的市场。

7. 我提一个<u>折中</u>的<u>方案</u>，根据现在的市场<u>行情</u>，打八折你们不会<u>赔本</u>。

8. 你买的是<u>往返</u>机票，只要<u>确认</u>一下就行了。

9. 他们经过调查得出<u>结论</u>：这里的市场很有<u>潜力</u>。

10. 白华讲语法讲得非常清楚,是一位很称职的教师。

11. 古时候,人们互相握手,表示手里没有武器。

12. 大夫给他测量了身高和体重。

(二) 句子练习

 1. 听句子,口头回答问题

  (1) 他们已经讨论了好多次,可是还没有达成协议。

   问:他们没有达成什么吗?

  (2) 他寄给朋友的信,想必已经收到了。

   问:朋友收到他的信了吗?

  (3) 这种牌子的空调占领了国内大部分市场。

   问:什么占领了国内大部分市场?

  (4) 家用小汽车在中国市场上很有潜力。

   问:什么在中国市场上很有潜力?

  (5) 这次旅行的日程已经安排好了?

   问:什么已经安排好了?

  (6) 他们不了解市场的行情,所以产品打不开销路。

   问:为什么产品打不开销路?

  (7) 他提了三个方案,其中有一个是折中的方案。

   问:他提了几个折中的方案?

  (8) 他们怎么可能不赚钱,做赔本的生意呢?

   问:他们能做赔本的生意吗?

  (9) 请他测量一下这个房子的高度好吗?

   问:请他测量什么?

  (10) 他们决定批量进口这种新产品。

   问:他们决定什么?

2. 模仿例句完成句子

(1) 北京优胜公司丁先生在首都机场迎接美国力迈公司布朗先生及其一行。

旅游公司的张先生在……

北京语言大学校长……

美国优胜公司的布朗先生……

(2) 我代表公司向诸位表示热烈欢迎。

我代表……

我代表……

我代表……

(3) 我们这次来北京，一方面代表公司对你们几年来的照顾表示感谢，另一方面想跟贵公司签订几项进出口协议。

我们这次来贵校访问……

我们这次来中国访问……

我们这次去西安旅行……

(4) 我们临时提出增加进口数量，给贵公司增添了麻烦，实在不好意思。

我们临时提出……

我们临时提出……

我们临时提出……

3. 听对话，从B_1和B_2中选择B应该说什么

(1) A：我代表公司向诸位表示热烈欢迎。

B：谢谢。

A：认识您我很高兴。

B_1.我们都很高兴。

B_2.认识您我也很高兴。※

(2) A：听说布朗先生有点儿感冒，要不要请大夫看看？
　　　B₁．不用了，谢谢你的关心。※
　　　B₂．不用了，大夫治不好我的病。
(3) A：布朗先生昨天休息得好吗？
　　　B₁．谢谢，休息得很好，饭店服务得很周到。※
　　　B₂．今天我得好好休息。
(4) B：你是第一次来北京吗？
　　　A：是第一次。
　　　B₁．那可得在北京多住几天，北京有很多名胜古迹，应该去看看。※
　　　B₂．你觉得北京变化大吗？
(5) A：几年来我们一直合作得很好，希望今后合作得更好。
　　　B₁．这也是我们的希望。※
　　　B₂．我们希望和贵公司合作。

二　听时练习

课文（一）

听前提示：谁来北京访问？

情景：北京优胜公司的丁力先生在首都机场迎接美国力迈公司布朗先生及其一行。

丁力：你们好！欢迎诸位到北京来。

安娜：谢谢！您是丁力先生吧？

丁力：我是丁力，优胜公司的公关经理。这是我的名片。

安娜：我来介绍一下。这位是我们代表团的团长布朗先生。这位是副团长史密斯先生。这位是马克先生。这位是查理先生。我叫安娜，是布朗先生的秘书。

第5课　布郎先生做什么生意？(1)

丁力：我代表公司向诸位表示热烈欢迎！

布朗：谢谢！认识您很高兴。

丁力：认识您我也很高兴。一路上还顺利吧？

布朗：很顺利。飞机从纽约直飞北京。

安娜：布朗先生有点儿感冒。

丁力：是吗？要不要请大夫看看？

布朗：一下飞机好多了，不用了。谢谢您的关心。

丁力：不客气。按照您的要求，你们的住处安排在北京饭店，晚上好好休息一下。

布朗：谢谢。北京饭店在什么位置？

丁力：在市中心，离天安门很近。

安娜：在王府井南口，那儿的环境不错。

布朗：谢谢您的关照。

丁力：好。请大家上车吧。

1. 听后判别正误

　　(1) 美国力迈公司代表团一行四人来北京访问。　　　　　　　（ × ）

　　(2) 丁力以前认识布朗先生。　　　　　　　　　　　　　　　（ × ）

　　(3) 布朗先生的身体不太好，需要请大夫看看。　　　　　　　（ × ）

　　(4) 布朗先生以前没听说过北京饭店，也不知道北京饭店在哪儿。（ × ）

　　(5) 安娜认为北京饭店的环境不错。　　　　　　　　　　　　（ √ ）

2. 下面的话各是谁说的？在每句话前边的横线上写出A、B、C（A—布朗，B—丁力，C—安娜）

　　__B__：我代表公司向诸位表示热烈欢迎。

　　__B__：认识您我也很高兴。

　　__B__：是吗？要不要请大夫看看？

　　__A__：一下飞机好多了，不用了。谢谢您的关心。

C ：在王府井南口，那儿环境不错。
　　 A ：谢谢您的关照。

3. 填空

　　诸位、直飞、环境

课文(二)

听前提示：今天谁会见布朗先生？主要谈什么？

情景：第二天，北京优胜公司总经理程大年在北京饭店会见布朗先生。

丁　力：布朗先生，这位是我们优胜公司的总经理程大年先生，这两位是业务处赵丰先生和罗林先生。这位漂亮的小姐是公司的秘书，她叫韩梅。

布　朗：谢谢总经理先生和赵先生、罗先生光临。

程大年：欢迎布朗先生来到北京。怎么样，昨天休息得好吗？

布　朗：谢谢。休息得很好，饭店的服务很周到。

程大年：时差转过来了吗？

布　朗：还好，已经转过来了。

程大年：布朗先生的汉语说得很流利。

布　朗：哪里，哪里，马马虎虎吧。

程大年：布朗先生是第一次来北京吗？

布　朗：是第一次。

程大年：那可得在北京多住些天。北京有很多名胜古迹，应该去看看。小丁，布朗先生他们的活动日程安排好了吗？

丁　力：安排好了。今天下午和明天会谈，后天我陪他们游览故宫和长城。

程大年：很好。布朗先生，您在这里有什么不便，可以随时告诉小丁。

布　朗：谢谢。我们这次来北京，一方面代表公司对你们几年来的照顾表示感谢，另一方面想跟贵公司签订几项进出口协议。

程大年：我们也正有此意。几年来，我们一直合作得很好，希望今后合作得更好。

第5课　布朗先生做什么生意？(1)

布　　朗：这也是我们的愿望。

1. 听后判别正误

　　(1) 布朗先生对饭店服务很满意。　　　　　　　　　　　(√)
　　(2) 布朗先生汉语说得不错。　　　　　　　　　　　　　(√)
　　(3) 布朗先生以前没来过北京。　　　　　　　　　　　　(√)
　　(4) 力迈公司和优胜公司是第一次合作。　　　　　　　　(×)
　　(5) 布朗先生来京的目的只是想跟优胜公司签订几项进出口协议。(×)

2. 下面的话是谁说的？在每句话前边的横线上写出A、B（A—布朗，B—程大年）

　　__A__：谢谢总经理先生和赵先生、罗先生光临。
　　__A__：休息得很好，饭店的服务很周到。
　　__B__：时差转过来了吗？
　　__A__：还好，已经转过来了。
　　__A__：哪里，哪里，马马虎虎吧。
　　__B__：那可得在北京多住些天。
　　__B__：我们也正有此意。几年来，我们一直合作得很好，希望今后合作得更好。

3. 填空

　　光临、时差、不便

课文（三）

听前提示：优胜公司和力迈公司谈判什么问题？

情景：优胜公司的代表程大年、赵丰、丁力、韩梅和力迈公司的代表布朗、史密斯、马克、查理、安娜在优胜公司会议室会谈。

程大年：昨天我们已经达成两项协议。布朗先生，今天我们先讨论一下进口家用电器的问题好吗？

布　朗：好。半个月以前我们发给贵公司的传真想必收到了吧？

程大年：收到了。但是我们对产品的质量还不太清楚。

马　克：这是我们带来的说明书，请过目。

赵　丰：谢谢。我们能否看看样品，根据样品的情况才能决定是不是进口。

马　克：没问题。样品我们已经带来了，现在就可以看。

程大年：那好。韩小姐，你把这些样品送到检验科，让他们做一下质量鉴定。

韩　梅：好。

程大年：这个问题我们下午再谈，好不好？

布　朗：行。下面谈谈进口大米的问题，程先生，您看怎么样？

程大年：好。关于大米出口的问题请罗先生谈谈吧。

罗　林：贵公司原来计划进口的大米，我们已经准备好了。你们临时提出增加的大米不太好办。

查　理：我们临时提出增加进口数量，给贵公司增添了麻烦，实在不好意思。可是这批货是一个客户急需的。请你们再想想办法。

罗　林：我们很愿意帮助你们，不过在这么短的时间内，是无论如何也……

查　理：要是延长10天呢？

罗　林：延长半个月吧。这样我们就有把握了。

查　理：行，半个月。太谢谢你们了。

1. 听后判别正误

（1）优胜公司收到力迈公司的传真后，就马上决定进口力迈公司出口的家电。　　　　　　　　　　　　　　　　　　　　　　　　（×）

（2）在进口前，要对样品做一下质量鉴定。　　　　　　　　　（√）

（3）优胜公司已经准备好了力迈公司原来计划进口的大米。　　（√）

（4）力迈公司临时提出增加进口大米的数量。　　　　　　　　（√）

（5）优胜公司认为增加出口大米数量延长10天就有把握了。　（×）

（6）优胜公司和力迈公司昨天已经达成了多项协议。　　　　　（×）

2. 下面的话是谁说的？在每句话前边的横线上写出A、B（A—程大年，B—布朗）

  __A__：昨天我们已经达成了两项协议，今天我们先讨论一下进口家电的问题好吗？

  __B__：半个月前，我们发给贵公司的传真想必收到了吧？

  __A__：韩小姐，你把这些样品送到检验科，让他们做一下质量鉴定。

  __B__：下面谈谈进口大米的问题，程先生，您看怎么样？

  __A__：关于大米出口的问题请罗先生谈谈吧。

3. 填空

  质量、大米、把握

课文（四）

听前提示：优胜公司和力迈公司最后达成协议了吗？

情景：下午，优胜公司的程大年、赵丰、丁力、韩梅和力迈公司的布朗、史密斯、马克、查理、安娜在优胜公司会议室继续会谈。

马　克：赵先生，你们对家用电器的质量满意吗？

赵　丰：质量我们已经检测过了，没有什么问题。只是外观和颜色不太好，能不能改进一下？

马　克：这没有问题。你们提出具体方案，我们可以按照贵公司的要求改进。

赵　丰：还有，你们报价太高了。我们批量进口，在价格上再优惠一些吧。

马　克：考虑到我们一直合作得很好，给你们的报价已经是八五折了。

赵　丰：上个星期日本一家公司跟我们有过接触，他们也出口这样的家用电器，可报价比你们低得多。

马　克：我们的产品都是名牌，质量是最好的。

赵　丰：日本的产品也都是名牌，在中国市场销路很好。我们第一次进口你们的产品，要是不能在价格上优惠，你们的产品很难打入并且占领中国的市场。

马　　克：这样吧。按照现在的报价，再打九折。

赵　　丰：九折还是太高，七五折怎么样？

马　　克：不行，不行。七五折我们就赔钱了。

布　　朗：我提一个折中的方案：八五折。我希望我们的产品进入中国市场，但也不能做赔本的生意吧。

程大年：我了解国际市场的行情，七五折你们是不会赔钱的。布朗先生，我也提一个折中的方案，八折怎么样？你们可以再多赚一点儿。

布　　朗：八五折，不能再低了。

程大年：要是你们同意八折，我们增加一些进口数量。

布　　朗：好吧，按照现在的报价再打八折，进口数量增加百分之十。这样可以吧？

程大年：老实说，这个价格我们还是觉得贵了一些，但是为了我们的友谊，为了今后更好地合作，就这样决定了吧。

1. 听后判别正误

　　(1) 优胜公司对家电很满意。　　　　　　　　　　　　　　　　　　（ × ）

　　(2) 力迈公司给优胜公司最初报价是八五折。　　　　　　　　　　　（ √ ）

　　(3) 日本一家公司的报价比力迈公司的报价低。　　　　　　　　　　（ √ ）

　　(4) 优胜公司以前也进口力迈公司出口的家电。　　　　　　　　　　（ × ）

　　(5) 力迈公司认为如果按现在的报价再打七五折就赔钱了。　　　　　（ √ ）

　　(6) 优胜公司进口力迈公司产品的数量增加了百分之十。　　　　　　（ √ ）

　　(7) 双方最后谈判结果是按现在的报价再打八折。　　　　　　　　　（ √ ）

2. 下面的话是谁说的？在每句话前边的横线上写出A、B、C、D（A—马克，B—赵丰，C—程大年，D—布朗）

　　__A__：你们提出具体方案，我们可以按照贵公司的要求改进。

　　__B__：你们报价太高了。我们批量进口，在价格上再优惠一些吧。

　　__A__：我们的产品都是名牌，质量是最好的。

__A__：这样吧。按照现在的报价，再打九折。
　　__B__：九折还是太高，七五折怎么样？
　　__C__：我了解国际市场的行情，七五折你们是不会赔钱的。
　　__D__：按照现在的报价再打八折，进口数量增加百分之十。
　　__A__：老实说，这个价格我们还是觉得贵了一些，但是为了我们的友谊，为了今后更好地合作，就这样决定了吧。

3. 填空

外观和颜色、八五折、九折、百分之十

三　听后练习

（一）请你按照听到的内容的顺序，在下列各图的下面写序号，并给每张图加上一个题目

（1）丁力在机场接人　　　　　　（2）程大年来北京饭店看望布朗先生

（3）优胜公司与力迈公司谈判　　（4）优胜公司与力迈公司讨价
　　　进出口的问题　　　　　　　　　还价

（二）请你按照所给的题目，讲出四段课文的主要内容

　　1. 丁力在首都机场。
　　2. 程大年在北京饭店。
　　3. 优胜公司与力迈公司双方代表在优胜公司会议室。
　　4. 优胜公司与力迈公司就家电的价格问题进行谈判。

四　泛听练习

（一）丁力在机场迎接三木

丁力：您好，三木先生！我代表公司向您表示欢迎！
三木：谢谢！您好，丁力先生！
丁力：好久不见了，您身体好吗？
三木：很好。您呢？
丁力：也很好。路上辛苦吧？累不累？
三木：还好。从东京直飞北京，两个小时就到了。
丁力：汽车在外边。请。

第5课 布郎先生做什么生意？(1)

(在车上)

丁力：三木先生这次在北京准备呆多长时间？

三木：只有4天的时间。办完事情马上就得飞回去。

丁力：我现在就帮您预订机票吧。

三木：我买的是往返机票，办一下确认手续就行了。对了，我想早一点儿跟你们的总经理会谈，请您安排一下，好吗？

丁力：没有问题，回去以后我马上安排。您等我的电话吧。

三木：太好了，谢谢您。

听后判别正误

(1) 丁力和三木是熟人。　　　　　　　　　　　　　　　(√)
(2) 三木的飞机从东京直飞北京。　　　　　　　　　　　(√)
(3) 三木在北京只待4天。　　　　　　　　　　　　　　(√)
(4) 三木请丁力早点儿安排他跟总经理会谈。　　　　　　(√)
(5) 三木请丁力帮他预订回东京的机票。　　　　　　　　(×)

(二) 考察

美国肯德基炸鸡店在决定进入中国市场以前，曾经派两个人到北京考察。

第一个人到北京以后，看见大街上有很多商店、很多车、很多人。他非常高兴，就给公司写报告，说在北京开炸鸡店一定能赚钱。

第二个人到北京以后，也来到大街上，他用了几天的时间在北京主要的路口测算每分钟经过多少人。他还向不同年龄、不同性别、不同职业的过路人了解对炸鸡味道和价格的意见。他还了解了北京鸡的价格、油的价格和面粉的价格。最后他把这些数字带回美国，向公司的老板报告，也得出了中国的市场有很大潜力、开炸鸡店一定能够赚钱的结论。

如果你是公司的老板，你认为哪个人称职？哪个人不称职？为什么？

听后选择正确答案

如果你是公司的老板，你认为哪个人称职？哪个人不称职？为什么？

A. 第一个人称职，因为他写的报告很简单

B. 第二个人称职，因为他写的报告很详细　※

（三）安排会见

为了使我们公司的产品在美国市场打开销路，按照程总经理的要求，明天上午九点，在北京饭店会见美国力迈公司的代表布朗先生一行。我是公司总经理的秘书，这个活动由我来安排。

在公司当秘书，可不是简单的事情。特别是给总经理当秘书更不容易。总经理常常跟外商会见、会谈，安排这些活动得特别细心。秘书在会见以前要先对会见的时间、地点和参加的人数拿出一个初步方案，然后征求双方的意见，再把最后的决定通知双方。要是马虎一点儿，就会出差错。记得有一次，总经理让我安排跟外商的会见，因为语言的问题，我把时间说错了。结果，让客人在饭店等了半个多小时，外商很不高兴。总经理特意向外商表示了歉意。

这次会见，我一定要安排好，绝不能出一点儿差错，要让双方都满意。

听后选择正确答案

这篇课文主要告诉我们什么？

A. 我是公司总经理的秘书

B. 我为程总经理和布朗先生安排会谈

C. 给总经理当秘书很不容易，安排活动得特别细心　※

D. 有一次我为总经理安排会谈出了差错

（四）握手的习惯

朋友们见面时，都喜欢用握手来表示问候。其实这种握手的习惯，在很早以前就已经有了。那时不认识的人见了面，如果表示友好，就伸出一

只手来，手心向前，向对方表示自己手里没有武器，然后向对方走过去，相互摸摸对方的右手，表示友好。这种习惯流传到现在，就变成了朋友们表示友好的常用礼节——握手。

请您注意，在中国，当你和对方握手时，请伸出右手，如果伸左手，对方会认为你是一个没有礼貌的人。和女士见面时，如果对方没有伸出手，也就是她没有同你握手的意思，你也不必伸手，只要问候一句就可以了。

听后选择正确答案

这篇课文主要告诉我们什么？

A. 朋友们见面时，都喜欢用握手来表示问候

B. 当你和对方握手时，请伸出右手

C. 跟女士见面不必先伸手

D. 握手的来历和应该注意的事情　※

第6课　布朗先生做什么生意？(2)

> **学习目的**
> (一) 训练学生听懂外贸商务方面的谈话。
> (二) 微技能训练：提高学生辨别分析的能力、联想猜测的能力和概括总结的能力。
>
> **学习内容**
> (一) 19个生词，精听课文4段，泛听课文4段。
> (二) 听辨词语和句子。

一　听前练习

(一) 词语练习

1. 听句子挑出生词，教师讲解生词

    (1) 程总经理在北京饭店设晚宴为代表团接风洗尘。
    (2) 经过谈判两家公司签署了成交合同书。
    (3) 张董事长率代表团去日本访问。
    (4) 艾米是个爽快人，一个小时就草拟了两份合同书。
    (5) 这个城市有讨饭的人吗？
    (6) 我代表公司的全体同仁向大家表示感谢，有照顾不周的地方，请多多包涵。
    (7) 请给我盛一碗汤。
    (8) 这个房间布置得很高雅，主人一定是懂艺术的人。
    (9) 在昨天的晚宴上我们领教了金汉成的酒量。

(10) 很早以前,欧洲人有决斗的风俗。

(11) 你们这里办丧事有什么禁忌吗?

2. 听句子,根据句意猜老师指出的词语的意思

(1) 美国总统对中国的访问达到了目的,取得了圆满的成功。

(2) 今天的晚宴非常丰盛,感谢你们的热情款待。

(3) 你们公司有这么多优秀的人才,真是人才济济。

(4) 这么多优秀的人才都在你们的公司工作,你们这里真是藏龙卧虎的地方啊。

(二) 句子练习

1. 模仿例句完成句子

(1) 今天我们公司总经理程大年先生在这里设便宴为诸位接风洗尘。

今天我……接风洗尘。

我们打算明天在鸿宾楼……接风洗尘。

(2) 请允许我代表中国优胜公司向诸位表示热烈欢迎。

请允许我代表速成学院全体师生向……

请允许我代表香港中文大学向……

(3) 我相信布朗先生的这次访问一定能获得圆满成功。

我相信来我院学习的各位同学一定……

我相信,这次奥运会一定……

(4) 让我们举杯,为在座各位的健康干杯。

让我们举杯,为……干杯。

让我们举杯,为……干杯。

让我们举杯,为……干杯。

(5) 借此机会,我代表力迈公司总经理向贵公司赠送一点儿小礼物。

借此机会,我代表……

借此机会,我想向您……

借此机会,我可以……

2. 听句子，口头回答问题
    （1）听说布朗先生好酒量，今天我们在这里设便宴，一来是想领教您的酒量，二来有点儿事想请您帮忙。
        问：说话人设宴的目的是什么？
    （2）酒量谈不上，只是喜欢喝。
        问：说话人自己认为有酒量吗？
    （3）正因为有困难，所以才请你帮忙，我相信你一定有办法。
        问：说话人为什么请别人帮忙？
    （4）我们这次来北京能够顺利地签署这么多合同，是和贵公司的大力帮助分不开的。
        问：他们为什么能顺利地签署这么多合同？
    （5）本来程总经理也要来为诸位送行，因为临时有事不能来了，他让我代表他祝你们一路平安。
        问：在来送行的人中没有谁？为什么？
    （6）怪不得贵公司发展得那么快，原来你们公司有那么多优秀的人才，是个藏龙卧虎之地呀。
        问：这个公司发展得那么快的原因是什么？
    （7）布朗先生真是英雄海量，名不虚传。
        问：说话人以前听说过有关布朗的什么传闻？

二 听时练习

课文（一）

听前提示：下面这段对话是在什么场合说的？

情景：程大年总经理为布朗先生一行举行欢迎宴会。优胜公司参加宴会的有程大年、赵丰、罗林、丁力和韩梅。力迈公司参加宴会的有布朗、史密斯、马克、查理和安娜。

丁　力：各位请入席。

第6课　布朗先生做什么生意?(2)

程大年：请坐，诸位请坐。

丁　力：今天，我们公司总经理程大年先生在这里设晚宴为诸位接风洗尘。首先让我介绍一下在座的各位嘉宾。这位是美国力迈公司代表团团长布朗先生，这位是副团长史密斯先生，这位是马克先生，这位是查理先生，这位是安娜小姐。今天优胜公司参加宴会的有总经理程大年先生、业务处的赵丰先生和罗林先生，这位是韩梅小姐，我叫丁力。下面请程大年总经理讲话。

程大年：尊敬的布朗先生，尊敬的史密斯先生和在座的各位女士和先生：请允许我代表中国优胜公司向诸位表示热烈地欢迎！美国力迈公司同我们优胜公司有着长期的友好合作关系，为中美两国的贸易做出了重要的贡献。今天，布朗先生又率代表团来我国访问，还要同我们签订一些贸易协定。我相信，布朗先生的这次访问一定能够获得圆满成功。让我们举杯，为在座各位的健康，为我们的友好合作，干杯！

大　家：干杯！

丁　力：请布朗先生讲话。

布　朗：首先我代表力迈公司的同仁向程大年先生和优胜公司表示感谢！感谢你们的热情款待。借此机会，我代表力迈公司总经理向贵公司赠送一点小礼物，请收下。

程大年：谢谢！请代我们向总经理表示问候。

布　朗：请大家再次举杯，为我们的愉快合作干杯！

大　家：干杯！

1. 听后口头回答问题

　　(1) 谁主持今天的宴会？主持人的开场白是什么？
　　(2) 今天的晚宴谁是主人？谁是客人？
　　(3) 在宴会开始的时候，程大年总经理讲话的内容是什么？
　　(4) 布朗先生讲话的内容是什么？

2. 填空

接风洗尘、圆满成功、借此机会

课文（二）

听前提示：程大年和布朗在宴会上谈论了一些什么问题？

情景：程大年在公司设便宴招待布朗先生。

程大年：布朗先生，请坐。

布　朗：谢谢！

程大年：听说布朗先生好酒量，今天我在这里设便宴，一来是想领教您的酒量，二来有点儿事想请您帮忙。

布　朗：酒量谈不上，只是喜欢喝。您有什么事请尽管说，只要我能帮忙一定帮。

程大年：好！爽快！您喜欢喝什么酒？

布　朗：我对中国的白酒有兴趣，特别是茅台。

程大年：您看，这里正好准备了茅台。来，先干了这杯。

布　朗：干杯！这酒味道很香，喝下去真舒服。

程大年：布朗先生在美国也常喝茅台吗？

布　朗：不常喝。只有朋友聚会的时候才喝一点儿。

程大年：我这里还有两瓶，请您带回去慢慢喝。来，再干一杯！尝尝这个菜。这是有名的北京烤鸭。

布　朗：我们这次来北京，给贵公司添了不少麻烦。为感谢您的热情款待，干杯！

程大年：布朗先生真是英雄海量，名不虚传。

布　朗：哪里，哪里！

程大年：布朗先生，今天下午马克先生说，那批家用电器10月才能发货。为了使贵公司的产品早日进入中国市场，能不能把发货日期提前一点儿？

布　朗：把日期提前可能有困难。

程大年：正因为有困难，所以才请您来帮帮忙。我相信您一定有办法的。

布　朗：我回去跟马克商量一下。你们想提前到什么时候？

程大年：6月怎么样？6月不行，7月也可以。

布　朗：好，我们尽量满足你们的要求。明天我把商量的结果告诉您吧。

程大年：看，光顾说话了，吃菜。谢谢您的帮助，干杯！

布　朗：干杯！

1. 听后口头回答问题

　(1) 程大年设便宴有几个目的？
　(2) 今天程大年准备的什么酒？布朗先生对酒有没有兴趣？
　(3) 程大年认为布朗先生的酒量怎么样？
　(4) 程大年有什么事想请布朗先生帮忙？
　(5) 布朗对程大年的请求是怎么表态的？

2. 填空

　设便宴、真舒服、名不虚传、尽量满足

课文（三）

听前提示：谈判的结果是什么？

情景：经过谈判，程大年和布朗签署成交合同书。

布　朗：程先生，昨天你提出家用电器的交货日期问题，我们给美国总公司打了长途。你们看，这样行不行？6月底以前发出第一批货，大约三分之一，10月中旬把货全部发出。

程大年：好。我看可以。

韩　梅：布朗先生，这是我们草拟的合同书。请您仔细看看。要是没有异议，就可以签字了。

布　朗：好，我现在就看。史密斯先生，你也看看。

史密斯：我看没有什么大问题。

程大年：刚才说的6月底以前发出三分之一的货，10月中旬把货全部发出。这一点是不是应该写进去？

布　朗：应该写进去。看来所有的问题都已经圆满解决了。可以签字了吧？
程大年：好，签字吧。

（双方签字后互相握手祝贺。）

布　朗：谢谢！谢谢程总经理！我们这次来北京，能够顺利地签署这么多合同，是和贵公司的大力帮助分不开的。我回去以后一定向董事长汇报，贵公司人才济济，办事效率很高，是我们长期合作的好伙伴。
程大年：谢谢！请您代我向贵公司董事长问好，希望他有机会也来中国看看。
布　朗：我一定转达。希望我们继续很好地合作，明年签署更多的合同。
程大年：这也是我们的愿望。

1. 听后口头回答问题
   （1）关于家电交货日期是怎么解决的？
   （2）程大年提出应把什么写进合同里？
   （3）布朗准备向董事长汇报什么？
   （4）布朗和程大年的共同愿望是什么？

2. 填空
   三分之一、异议、10月中旬、汇报

课文（四）

听前提示：谁到机场为布朗先生送行？

情景：丁力和韩梅在机场跟布朗先生一行告别。

布朗：你们这么忙，还来送我们，真过意不去。
丁力：这是我们应该做的。
韩梅：本来程总经理也要来为诸位送行，因为临时有事不能来了。他让我们代表他祝你们一路平安。
布朗：谢谢！谢谢程总经理！请你们转告程总经理，希望能有机会在美国跟他见面。

第6课　布郎先生做什么生意？(2)

丁力：我们一定转告。你们这次来北京，我们有照顾不周的地方，还请多多包涵。

布朗：哪里的话！你们太客气了。我们在北京的活动安排得非常丰富。你们二位一直陪着我们，给你们添了很多麻烦。我发现韩小姐不仅人长得漂亮，英语说得好，而且还是个出色的导游。

韩梅：谢谢！您过奖了。

布朗：你陪我们去故宫、长城、颐和园，给我们讲了不少有趣的故事，使我们了解了很多中国的历史和文化。真的很感谢你。

韩梅：我讲的都是从丁先生那儿学来的。要是丁先生去了，他一定讲得比我好。

布朗：怪不得贵公司发展得那么快。原来你们公司有那么多优秀的人才，是个藏龙卧虎之地呀！

丁力：布朗先生汉语讲得真好，简直是中国通了。

布朗：中国通算不上。听说北京语言大学有个汉语速成学院，我真想去那儿速成一下我的汉语。哟，时间差不多了。我们该办登机手续了。

丁力：你们的护照和机票准备好了吗？

布朗：准备好了。希望我们能有机会在美国见面。

丁力：谢谢！我们后会有期！

韩梅：祝你们一路平安！

丁力：一路顺风！

布朗：谢谢！再见！

1. 听后口头回答问题

    (1) 程总经理为布朗先生送行了吗？为什么？
    (2) 布朗他们在北京去过哪些地方？谁给他们当导游？
    (3) 布朗先生认为韩小姐是个什么样的人？
    (4) 布朗先生认为优胜公司发展很快的原因是什么？

2. 填空

    临时有事、非常丰富、历史和文化、护照和机票

三 听后练习

（一）请你按照听到的内容的顺序，在下列各图的下面写序号，并给每张图加上一个题目

(4) 为布朗送行

(2) 边吃喝边谈生意

(1) 程大年举行欢迎宴会

(3) 签合同书

（二）再听一遍课文（一）至课文（四），用方框中的词语，填写对话中的空白

| 过奖 | 爽快 | 干杯 | 谈不上 | 英雄海量 |
| 后会有期 | 藏龙卧虎 | 过意不去 | 哪里的话 | |

1. A：请大家再次举杯，为我们的愉快合作<u>干杯</u>！
   B：<u>干杯</u>。

2. A：酒量谈不上，只是喜欢喝，您有什么事情尽管说，只要我能帮忙，一定帮。

   B：好！爽快！

3. A：布朗先生真是英雄海量，名不虚传。

   B：哪里，哪里！

4. A：你们这么忙，还来送我，真过意不去。

   B：这是我们应该做的。

5. A：你们这次来北京，我们有照顾不周的地方，还请多包涵。

   B：哪里的话！你们太客气了。

6. A：我发现韩小姐不仅人长得漂亮，英语说得好，而且还是个出色的导游。

   B：谢谢，您过奖了。

7. A：要是丁先生去了，他一定讲得比我好。

   B：怪不得贵公司发展得那么快，原来你们公司有那么多人才，是个藏龙卧虎之地呀！

8. A：希望我们能有机会在美国见面。

   B：谢谢，我们后会有期。

（三）口头回答问题

1. 你喝过中国的茅台酒吗？你觉得怎么样？
2. 你的酒量大吗？你会劝客人喝酒吗？
3. 你对在酒席宴上谈生意怎么看？
4. 你认为什么样的人才能称为中国通？

四　泛听练习

(一) 碰杯的习惯

在宴会上人们常用碰杯的方式来向对方表示感谢或者祝愿。这种碰杯的礼节是怎么来的呢？据说，在很早以前，欧洲人有决斗的风俗。决斗时，双方都要先喝一杯酒。喝酒的时候，要把自己的酒倒给对方一点儿，证明里边没有毒药，然后一饮而尽。这种风俗流传下来，就成为今天酒席上的碰杯了。

听后选择正确答案

这篇课文主要告诉我们什么？
A. 在宴会上人们常用碰杯的方式来向对方表示感谢或者祝愿
B. 碰杯这种礼节的来历　※
C. 欧洲人有决斗的风俗
D. 决斗时，双方要先喝一杯酒

(二) 听流行音乐

在一次宴会上，主人以音乐家的名义请来了一位很有名气的人来听音乐。可是这位名人不喜欢他们演奏的乐曲，就把耳朵捂了起来。

主人看到他的样子，感到很奇怪，就说："先生，您不喜欢这些乐曲吗？它们可都是现在流行的。"那位名人反问道："流行的乐曲就一定是好的吗？"主人有些不高兴地说："不好的东西怎么能流行呢？"那位名人笑着说："那么流行性感冒也是好的吗？"说完，转身就走出了宴会厅。

听后选择正确答案

那位名人说："那么流行性感冒也是好的吗？"这句话是什么意思？
A. 流行性感冒是不好的
B. 流行的东西都是好的

C. 流行的东西不一定都是好的 ※
D. 流行的乐曲是不好的

(三)宴会的习俗

在中国，宴会的习俗有的跟西方国家一样，有的不一样。比如，请长辈和重要的人坐在上席是一样的。上席一般是面向窗户或门的位置。长辈和重要的人入座以后其他人才能入座。那么哪些不一样呢？

西方国家安排座位是主要客人在女主人的右边，主要客人的夫人在男主人的右边。中国的习惯不一样，主要客人在男主人的右边，主要客人的夫人在女主人的右边。

在宴会进行中，中国的主人常常要给客人敬酒布菜，对客人非常热情。中国有句俗话："酒要满，茶要浅。"意思是给客人倒酒一定要倒满，表示对客人全心全意，实实在在。客人吃完了一碗饭，主人要问："您还盛饭吗？"不能说："您还要饭吗？"因为"要饭"是讨饭的意思。如果客人没吃完饭，主人一般不先放下碗和筷子。

听后选择正确答案

这篇课文主要告诉我们什么？

A. 在中国，宴会的习俗有的跟西方国家一样，有的不一样
B. 西方国家安排座位是主要客人在女主人的右边，主要客人的夫人在男主人的右边
C. 给客人倒酒一定要倒满，表示对客人全心全意，实实在在
D. 中国和西方国家宴会的习俗有什么不同 ※

(四)送礼的习俗

在贸易活动中，常常要送一些礼物给有业务往来的公司或朋友。送礼要注意些什么呢？

首先要注意各国的禁忌习俗。比如：给法国人送花儿，不能送菊花。

给穆斯林朋友不能送酒。给中国人送礼物不能送钟表,因为送钟和"送终"谐音,"送终"是给死人安排丧事,很不吉利。

给日本人送礼物,不能送4件。比如不能送4个杯子、4枝花儿等等。日语里"4"和"死"发音差不多。日本人认为"4"是不吉利的数字。同样,西方人不喜欢"13",认为"13"是不吉利的数字,送花儿也不能送13枝。

其次,在不同的情况下,对不同的人要送不同的礼物。以前,中国人送礼常常送一些食品和日用品。比如:看朋友送点心、水果什么的;朋友结婚,送脸盆、暖瓶、茶具什么的。随着人们生活水平的提高,送的礼物也发生了变化。现在,人们更多的是送一些鲜花儿、字画儿或其他纪念品。礼物不一定很贵,而品质高雅、包装精美的礼物更受人们的欢迎和喜爱。

听后选择正确答案

这篇课文主要告诉我们什么?

A. 在贸易活动中,常常要送一些礼物给有业务往来的公司或朋友

B. 给法国人送花儿,不能送菊花。给穆斯林朋友不能送酒。给中国人送礼物不能送钟表

C. 送礼要注意各国的禁忌习俗和在不同的情况下,对不同的人要送不同的礼物　※

D. 现在,人们更多的是送一些鲜花儿、字画儿或其他纪念品

第7课　你关心过他们吗？

> **学习目的**
> (一) 训练学生听懂关于讨论人际关系的话题。
> (二) 微技能训练：提高学生辨别分析的能力、快速反应的能力和概括总结的能力。
>
> **学习内容**
> (一) 17个生词，精听课文4段，泛听课文3段。
> (二) 听辨词语和句子。

一　听前练习

(一) 词语练习

听句子挑出生词，教师讲解生词

1. 中央电视台有一个《实话实说》节目，在这个节目里每个人都要说实话，说心里话。
2. 小王的独生女在幼儿园全托，一个星期接一次。
3. 孩子和父母的思想不能沟通，这是一个值得深思的问题。
4. 今天是你值日，打扫完教室的卫生以后，把门锁好。
5. 有的家长过分疼爱孩子，只从物质上关心孩子，造成了。有的孩子很自私，不会关心别人。
6. 母亲爱自己的孩子是天性，孩子对别人有爱心需要教育。

7. 小虎看见一个盲人没有雨伞和雨衣，就把自己的雨衣披在那个盲人的身上。

8. 有人做过一个实验，用鼓励的方法可以增强孩子的自信心。

(二) 句子练习

听句子，口头回答问题

1. 这次交通事故是因为司机酒后开车造成的。
    问：这次交通事故是怎么造成的？
2. 两个性格完全不同的人是很难沟通思想的。
    问：什么样的人很难沟通思想？
3. 他经常鼓励自己的孩子关心别人，为别人做好事。
    问：他经常鼓励孩子什么？
4. 父母疼爱孩子应该讲究方法。
    问：父母疼爱孩子应该注意什么？
5. 很多孩子不喜欢学习，这是一个让人深思的问题。
    问：什么问题是让人深思的问题？
6. 现代社会的人应该讲究物质文明和精神文明。
    问：现代社会的人应该讲究什么？
7. 老师们经常搞教学实验，不断提高教学质量。
    问：老师们为什么经常搞教学实验？
8. 学校组织同学们为残疾人献爱心。
    问：学校组织同学们做什么？
9. 我这孩子从小就在幼儿园全托，小学和中学一直住学校。
    问：这孩子和父母在一起的时间多吗？为什么？
10. 这孩子一心只想学习，我担心他除了关心学习，别的什么也不关心，今天把他带来，我们一块来受教育。
    问：说话人带自己的孩子来这儿的原因是什么？

11. 孩子说搞好学习就是对父母最大的关心。

　　问：孩子认为什么是对父母最大的关心？

12. 母亲发现她的孩子在学校不但会自己吃饭，而且还给别的同学盛饭、端饭。

　　问：这位母亲发现什么？你想这个孩子在学校和在家里一样吗？

13. 有的孩子不会关心别人，是家长造成的，家长什么事情都替他们做了，孩子关心别人的感情没有机会表现出来。

　　问：为什么有的孩子不会关心别人？

14. 孩子不会关心别人，不能说学校和教师没有责任。

　　问：孩子不会关心别人，学校和教师有没有责任？

15. 一个社会需要无私的人，都是自私的人，社会怎么发展呢？

　　问：为什么社会需要无私的人？

16. 今天的孩子是下个世纪的主人，如果到了那个时候，人们都不会关心，也没有爱心，这个世界不知会变成什么样子？

　　问：说话人担心什么？

二　听时练习

课文(一)中央电视台《实话实说》之一

听前提示：下面对话中有一个小男孩、一个小女孩，他们关心什么？

情景：中央电视台《实话实说》节目现场。

主持人：各位朋友，大家好！欢迎收看我们的《实话实说》节目。（问一个女孩）小朋友，你们上语文课的时候，老师讲不讲生词？

小女孩：讲生词。

主持人：老师讲过没讲过什么叫"关心"？

小女孩：没有。

主持人：你们老师连关心都不讲啊？你有爷爷、奶奶吗？

小女孩：有。

主持人：你关心过他们吗？

小女孩：关心他们。

主持人：你怎么关心他们？

小女孩：他们咳嗽的时候，我给他们端来一杯水，让他们喝下去。（鼓掌）

主持人：（问一小男孩）你有爷爷、奶奶吗？

小男孩：没有。

主持人：你有爸爸、妈妈吗？

小男孩：有。

主持人：你关心过他们吗？

小男孩：没有。

主持人：你好好想一想，真的没有关心过他们吗？

小男孩：真的。

主持人：您是他的母亲吧？现在是实话实说，刚才他说的是不是实话？

男孩母：是实话。我这个孩子从小就在幼儿园全托，小学和中学一直住学校。他的学习成绩在全年级总是第一名。但是我们从来没有思想的沟通。比如说，放假的时候，我想跟他沟通一下，但他的学习计划已经做好了。我进他房间的时候，他说："妈妈，你进来要敲门。"还说："你不要呆太长时间，不要影响我学习。"他一心只想学习，我担心他除了关心学习，别的什么也不关心，所以今天把他带来，我们一块儿来受受教育。

主持人：你母亲刚才说，她和你没有交流的机会，这样的话你是不是第一次听说？

小男孩：是。因为我们学习特别紧张，所以我和妈妈沟通很少。我是学生。爸爸、妈妈都希望我学习好，我要是不好好学习，怎么对得起他们呢？我想，学习好就是对他们的关心。

主持人：妈妈和孩子都说了自己的想法。毛先生，您怎么看这个问题？

毛先生：这是一个令人深思的问题。母亲说了她的担心，孩子也说了他的想法。我觉得学生除了要关心学习以外，还有很多应该关心的，比如：爸爸、妈妈的身体怎么样，老师和同学有没有需要帮助的地方，邻居的生活有没有困难，我们国家的发展怎么样，我们的城市建设怎么样等等。这些都是要关心的。

1. 听后口头回答问题

（1）现在的孩子关心什么？

（2）毛先生认为现在的学生应该关心什么？

（3）男孩的母亲担心什么？

2. 听后选择正确答案

这段对话的主要内容是什么？

A. 小女孩关心自己的爷爷、奶奶

B. 母亲与孩子没有思想的沟通

C. 毛先生提出学生也要关心学习以外的事情

D. 现在的孩子只关心学习，不关心别人　※

3. 填空

讲不讲生词、思想的沟通、学习好、令人深思

课文（二）中央电视台《实话实说》之二

听前提示：搞好学习就是对父母的最大关心吗？

情景：他们继续讨论"关心"的问题。

主持人：您一连说了那么多应该关心的事情。我想问一下胡教授，孩子说："搞好学习就是对父母最大的关心。"您怎么看这个问题？

胡教授：孩子有这样的想法，是父母造成的。从父母来说关心孩子不应该只关心孩子的学习，学习好不一定是一个好人。所以父母关心孩子要更关心孩子的思想，让孩子学会怎么样做人，心里要有别人，不能

只有自己。

主持人：顾老师，您的学生里边有没有不会关心别人的？

顾老师：我说一个真实的故事：一年级有个学生，6岁。刚入学时，他们第一次在食堂吃饭，妈妈不放心，偷偷地在窗户外面看，看她的孩子会不会吃饭。她发现她的孩子不但会吃饭，而且被选为"桌长"，给别的同学端饭。她很奇怪，在家里都是她把饭端到孩子的前边，孩子从来没有给爸爸、妈妈端过饭，为什么在学校里不一样了呢？从这个小事可以看出，有的孩子不会关心别人，是家长造成的。家长什么事情都替他们做了，孩子关心别人的感情没有机会表现出来。

主持人：毛先生，刚才顾老师说，有的学生不会关心别人是家长造成的，您同意吗？

毛先生：我同意。关心是两个方面的事情，一方面家长要关心孩子，关心孩子的学习、身体、思想，另一方面也要给孩子关心别人的机会，让孩子学会关心别人。

观众一：今天我们在这里讨论关心，我想首先要解决关心什么的问题。家长关心孩子常常是关心他们的吃、穿、住、行，而不是关心他们的心，也就是说，只从物质上关心，不从精神上关心是不行的。

主持人：我觉得顾老师一定很高兴。因为大家觉得孩子不会关心别人是家长造成的，没说是老师的责任。

顾老师：不能说学校和老师没有责任。比如说，一所学校，每个教室里都有值日表，哪个孩子哪天擦玻璃，哪个孩子扫地，哪个孩子擦黑板等等，写得很清楚。这实际上是告诉学生你应该做什么，而不是学生主动要做什么。我想"关心"的意思是孩子要主动为别人做事。爸爸下班回家，对孩子说："你给我端一杯水来。"这不是"关心"。如果爸爸回到家，孩子主动端来一杯水，说："爸爸，请喝水。"这才是"关心"。

1. 听后口头回答问题

（1）孩子为什么会有"搞好学习就是对父母的最大关心"这种想法？

(2) 为什么有的孩子不会关心别人？

2. 下面的观点是谁说的？在下列句子前边的横线上写出 A、B、C（A—胡教授，B—顾老师，C—毛先生）

　__A__：关心孩子不应该只关心孩子的学习，学习好不一定是一个好人。
　__C__：要给孩子关心别人的机会，让孩子学会关心别人。
　__B__："关心"的意思是孩子要主动为别人做事。

3. 听后选择正确答案

这段对话的主要内容是什么？

A. 学习好不一定是一个好人
B. 孩子不会关心别人的原因是没有机会表现
C. 家长只从物质上关心孩子，不从精神上关心孩子
D. 孩子不会关心别人与家长、学校和教师的教育有关　※

4. 填空

父母、做人、没有机会、关心什么、学校和老师

课文（三）中央电视台《实话实说》之三

听前提示：怎样教育孩子关心别人？

情景：他们继续讨论"关心"的问题。

主持人：刚才我们讨论了孩子应该学会关心别人，那么，怎么样教育孩子关心别人呢？

观众二：我也是独生女。父亲母亲都很关心我，可是我从来没有给他们洗过一次衣服，吃完饭没有洗过一次碗。后来我结婚了，我也会洗衣服、会洗碗了，我也会关心丈夫、会关心孩子，而且对他们非常关心。

主持人：您的意思是"树大自然直"。毛先生，您听见了。您是教育专家，同意"树大自然直"吗？

毛先生：不同意。母亲爱孩子是天性，不需要学习。孩子爱父母，是需要学习、培养和训练的。也就是说对孩子从小就要教育他们学会关心别人。我举一个例子：有一个小学生，是个男孩子。他的奶奶非常疼爱他。后来奶奶生日的时候，妈妈买了一个大蛋糕。这个孩子放学回来要吃这个蛋糕。妈妈说今天是奶奶的生日，应该让奶奶吃第一口。这个孩子一听就生气了，把蛋糕推到地上，说："你们不让我吃第一口，谁也甭吃。"奶奶哭了，说："我疼你一辈子，你就疼我这一天，都不行吗？"这说明让孩子学会关心别人需要教育，"树大自然直"是不对的。

主持人：我们做了一个实验，让一个班50个学生用"关心"造句。结果30个学生写爸爸、妈妈或者老师非常关心我们，有关心身体的，有关心学习的。只有一个学生写"我非常关心我亲爱的妈妈"。其他的同学写"我要关心谁谁谁"。这些学生想到要关心别人，但是还没有行动。只有一个学生做了关心妈妈的事。老师表扬了这个孩子，鼓励了其他19个孩子，也给那30个孩子提出了希望，希望他们学会关心别人，特别是关心父母、老师和同学。

1. 听后口头回答问题

    (1) 毛先生同意"树大自然直"说法吗？为什么？

    (2) 全班50个学生用"关心"造句，结果是什么？

2. 听后选择正确答案

    这段对话的主要内容是什么？

    A. 让孩子学会关心别人需要教育　※

    B. 树大自然直，孩子长大了，就会关心别人了

    C. 父母爱孩子是天性，不需要学习

    D. 现在的孩子关心父母的不多

3. 填空

    教育孩子、需要教育、学会关心别人

课文(四) 中央电视台《实话实说》之四

听前提示：家长要求孩子关心自己的目的是什么？

情　　景：他们继续讨论"关心"的问题。

胡教授：我们今天在这里讨论的问题不是孩子关心不关心我。家长要求孩子关心自己，是为了他们不自私，为了让他们将来活得更好一点儿、容易一点儿、舒服一点儿、痛苦少一点儿。大家想一想，一个自私的人活得能幸福吗？这是从小的方面说。从大的方面说，一个社会需要无私的人，都是自私的人，社会怎么发展呢？

主持人：胡教授说得非常深刻，谈了为什么要让孩子学会关心别人。学会关心别人要从小的事情做起。毛先生，具体地怎么教育孩子从小的事情做起呢？

毛先生：孩子首先要有关心别人的想法，还要有具体的行动。比如，自己过生日的时候，送给妈妈一张贺卡或者其他小礼物。孩子可能不知道，自己的生日是妈妈的"难日"。就是这一天，妈妈经过10个月的辛苦，把自己带到这个世界上。在每年的这一天，难道自己不应该为妈妈做点什么事吗？

主持人：教孩子从小的事情做起，从关心自己最亲的人开始，学会关心。

观众三：我是当爷爷的人了。爸爸、妈妈要求孩子关心自己，那么，他们有没有关心自己的父母呢？这个问题很重要。要是你非常关心自己的父母，你的孩子也会关心你。

主持人：要让孩子关心自己，自己就得关心上一代。这是最简单的方法。

顾老师：我觉得除了让孩子学会关心父母以外，还要让他们学会关心别人。比如：看见一位老大爷摔倒了，赶快上去把他扶起来；看见一位老人上了公共汽车，赶快站起来让座。星期天，我看见一位家长，拿出一块钱来，交给孩子，让他把这一块钱送给在地铁唱歌的盲人。我想，这位家长送的不仅仅是一块钱，而是爱心和关心。

主持人：今天的孩子是下个世纪的主人。如果到了那个时候，人们都不会关心，也没有爱心，这个世界不知道会变成什么样子。所以，现在我们就要孩子们学会关心，要有爱心。我们的社会、学校和家长都要做出努力。好，谢谢各位嘉宾和观众，谢谢大家。

1. 听后口头回答问题

   （1）孩子不会关心别人带来的后果是什么？

   （2）怎样教育孩子从小事情做起？

2. 听后选择正确答案

   这段对话的主要内容是什么？

   A. 怎样教育孩子学会关心别人　※

   B. 一个社会需要无私的人

   C. 一个自私的人活得不幸福

   D. 自己过生日的时候，应该送给妈妈一张贺卡

3. 填空

   无私的人、具体的行动、最亲的人、爱心和关心

三　听后练习

（一）再听一遍课文（一）至课文（四），听后选择正确答案

1. 大家为谁鼓掌？

   A. 小女孩　※　　　　　　B. 小男孩

   C. 男孩的母亲　　　　　　D. 毛教授

2. 小男孩认为怎样做是对父母的关心？

   A. 学习好　※　　　　　　B. 和父母有交流

   C. 关心他人　　　　　　　D. 帮助父母

3. 听了男孩和他的妈妈的想法后，毛先生怎么看这个问题？

   A. 这是一件令人感动的事情　B. 这是一件令人伤心的事情

C. 这是一个令人担忧的问题　　D. 这是一个令人深思的问题　※

4. 胡教授认为父母应该更关心孩子的什么？

　　A. 思想　※　　　　　　　　B. 学习

　　C. 身体　　　　　　　　　　D. 能力

5. 顾老师认为孩子不会关心别人谁有责任？

　　A. 父母　　　　　　　　　　B. 学校

　　C. 教师　　　　　　　　　　D. 父母、学校、教师　※

6. 奶奶的生日蛋糕谁吃了第一口？

　　A. 奶奶　　　　　　　　　　B. 妈妈

　　C. 奶奶和孙子　　　　　　　D. 谁也没吃　※

(二) 口头回答问题

1. 你认为什么是关心？请举例说明。
2. 母亲节和父亲节各是哪一天？在那天你会为父母做些什么？
3. 你同意"树大自然直"这一说法吗？
4. 你现在最关心谁？关心什么？
5. 有的孩子从小就在幼儿园全托，小学和中学又一直住学校，有的孩子一直在家住，你觉得哪一种办法好？为什么？
6. 有人认为有的孩子不会关心别人是家长造成的，你同意这种说法吗？
7. 你认为应该怎么教育孩子关心别人？
8. 你同意"要让孩子关心自己，自己就得关心上一代"这种说法吗？

四　泛听练习

(一) 好奶奶

我有一个好奶奶。她不像别人的奶奶那样，只关心孩子的衣食住行和学习成绩。奶奶常对我说："学习很重要，但只是学习好不行，还要学会做人，要在社会实践中学习，身体也要健康。"放假的时候，她常带我去农村的姑姑家，让我了解农民的生活，还让我参加农村的劳动。有一次，我在农村劳动的时候，下起了大雨，我把我的雨衣披在一位老大爷的身上。奶奶知道以后，非常高兴。她说："你做得很对。一个人活在世界上，给别人的东西越多，自己得到的才越多。你帮助别人，别人才会帮助你。"我真为自己有这样一位好奶奶而骄傲。

听后判别正误

(1) 我的奶奶只关心我的学习和衣食住行。　　　　　　　　　　　　（ × ）
(2) 我的奶奶不但关心我的学习和衣食住行，还让我学会做人。　　　（ √ ）
(3) 星期天她常带我去姑姑家，让我了解农民的生活，还让我参加劳动。
　　　　　　　　　　　　　　　　　　　　　　　　　　　　　　（ × ）
(4) 有一次下大雨，一位老大爷把他的雨衣披在我的身上，我很高兴。
　　　　　　　　　　　　　　　　　　　　　　　　　　　　　　（ × ）
(5) 一个人活在世界上应该多帮助别人。　　　　　　　　　　　　　（ √ ）
(6) 我非常喜欢我的奶奶。　　　　　　　　　　　　　　　　　　　（ √ ）

(二) 我最怕放假

很多学生都喜欢放假，可我最怕放假。放假的时候，妈妈总是让我在家里看书学习，哪儿都不让我去，也不让我看电视、听音乐。她去上班或者去买东西，就把我锁在家里。

有一次，几个同学想来我家玩儿，我说了半天，妈妈才同意。但是只同意他们在我家玩儿一个小时，而且只许女同学来，不许男同学来，说是怕我交男朋友。最让我生气的是，同学们来了，妈妈坐在旁边，听我们谈什么。同学们走的时候，妈妈说："欢迎你们有空儿来我家玩儿。可是我家兰兰准备考大学，等她考完大学你们再来吧。"后来，同学们再也不来我家了。一个月的假期我真觉得像一年一样，我盼望着赶快开学，盼望着回到同学们中间。

听后判别正误

(1) 兰兰是个女孩子。　　　　　　　　　　　　　　　　　　　　　　（√）
(2) 兰兰最怕放假,因为妈妈只让她学习,不让她玩儿。　　　　　　　　（√）
(3) 兰兰的妈妈只让男孩子来她的家。　　　　　　　　　　　　　　　（×）
(4) 兰兰的妈妈欢迎同学们有空儿来她的家。　　　　　　　　　　　　（×）
(5) 兰兰的妈妈喜欢跟同学们一起聊天儿。　　　　　　　　　　　　　（×）
(6) 一个月的假期兰兰觉得过得很快。　　　　　　　　　　　　　　　（×）
(7) 兰兰希望赶快开学,跟同学们在一起。　　　　　　　　　　　　　（√）
(8) 兰兰很喜欢她的妈妈。　　　　　　　　　　　　　　　　　　　　（×）

(三) 生日

今年,我15岁了。我参加过不少同学15岁的生日晚会,因为跟他们的家长在一起,所以我们都觉得玩儿得不那么痛快。我想,我过生日的时候,爸爸、妈妈最好不参加,只是我和同学们,可能玩儿得痛快一些。

离我的生日还有一个星期,妈妈就问我过生日喜欢吃什么,爸爸也问我喜欢什么生日礼物。我犹豫了。爸爸、妈妈这么热情,怎么能不让他们参加呢?

生日一天天近了,为了我和同学们玩儿得高兴,我还是把我的想法告诉了爸爸、妈妈。他们听了,很长时间没有说话。半天,爸爸才说:"好吧,你生日那天,我们出去。"

我生日那天,同学们在我家玩儿得高兴极了。晚上10点钟,爸爸和妈妈回来了。我请他们吃蛋糕,他们一口也没吃,很早就关灯睡觉了。

第二天下午,爸爸的一个朋友和他爱人来到我们家,他说今天是他儿子15岁的生日,儿子请了几个同学一起玩儿,他们夫妇只好出来了。他妻子说:"我们从小把他养大,到了15岁,想跟他一起高高兴兴过个生日,可是他请他的同学,不要我们了。"说着说着就哭了。

看着他们伤心的样子,爸爸、妈妈也哭了。这时我明白了,是我们不对,我们太自私了。只想自己痛快,没有关心爸爸、妈妈的感情。我要把这件事告诉我的同学们,过生日千万别伤了爸爸、妈妈的心。

听后选择正确答案

(1) 我过生日为什么不让爸爸、妈妈参加?

  A. 跟爸爸、妈妈在一起,玩儿得不痛快　※

  B. 不想要爸爸、妈妈了

  C. 非常自私

  D. 伤爸爸、妈妈的心

(2) 我要把什么事告诉同学们?

  A. 爸爸、妈妈一口蛋糕也没吃,很早就睡觉了

  B. 爸爸的一个朋友来我们家了

  C. 只想自己痛快,没有关心爸爸、妈妈的感情

  D. 应该跟爸爸、妈妈一起过生日,不要伤了他们的心　※

第8课　你了解这些城市吗？

学习目的

（一）训练学生听懂关于中国地理方面的谈话。

（二）微技能训练：提高学生辨别分析的能力、联想猜测的能力和概括总结的能力。

学习内容

（一）17个生词，精听课文5段，泛听课文4段。

（二）听辨词语和句子。

一　听前练习

（一）词语练习

听句子挑出生词，教师讲解生词

1. 听说你搬家了，有时间我一定去<u>府上拜访</u>。

2. 这个城市新建了一座<u>立交桥</u>，十分<u>雄伟</u>、<u>壮观</u>。

3. 广州也叫五羊城，城里有一座五只羊的<u>雕塑</u>。花会的时候，整个城市，好像花儿的<u>海洋</u>。

4. 中国有四个<u>直辖市</u>：北京、上海、天津和重庆。

5. 农民把<u>稻穗</u>作为种子，种在地里，才有我们吃的大米。

6. 人们说："上有<u>天堂</u>，下有苏杭。"意思是生活在苏杭跟生活在天堂一样幸福。

7. 南京、武汉和重庆夏天<u>闷热</u>，就跟三个大<u>火炉</u>一样。

8. 这个公园里到处都有亭台楼阁，它们映在水里，好看极了。

9. 香港以前是一个小的港口，又生产一种香料，所以就叫香港了。

10. 苏州的手工业非常发达，比如苏绣、苏扇和工艺品等等都很有名。

(二) 句子练习

1. 听句子，口头回答问题

(1) 云天常常提起你，他说你从香港来北京学习，是吗？

问：说话人以前见过"你"吗？

(2) 改革开放以后，上海作为中国最大的工业城市，经济发展得非常快。

问：上海是一个什么样的城市？

(3) 上海新修了很多立交桥和高架桥，晚上看，汽车好像在天上开一样。

问：为什么人们会有汽车好像在天上开的感觉？

(4) 到时候我一定去您府上拜访。

问：说话人要去什么地方？

(5) 说起羊城这个名字，还有一个美丽的传说呢。

问："羊城"的名字和什么有关系？

(6) 到了香港，可以去海洋公园、浅水湾玩儿玩儿，也可以逛逛大商场，买些又便宜、质量又好的东西带回来，一定不会空手而归的。

问：去香港旅游会不会没有收获？

(7) 孙海河，听口音你是天津人吧？

问：孙海河的普通话说得标准不标准？

2. 听句子判别正误

(1) 我妈妈说上海的变化可大了，要是没人去接她，她就找不到家了。这句话的意思是：说话人的母亲没找到家。（ ✗ ）

(2) 你去上海的时候千万别忘了去南京路和外滩。这句话的意思是：南京路和外滩是去上海旅游时必须去的地方。　　　　　　（√）

(3) 你什么时候去天津，我陪你逛逛食品街，那里有各种风味的小吃。从这句话可以知道说话人对食品街上的风味小吃很感兴趣。　　　　　　　　　　　　　　　　　　　　　（√）

(4) 孙海河，到时候我一定去府上拜访。这句话的意思是：说话人以后要跟孙海河一起去朋友家去做客。　　　　　　（✕）

(5) 陈伟中，看来你快成了广州通了。这句话的意思是：陈伟中对广州的道路非常熟悉，想去哪儿就去哪儿。　　　　（✕）

(6) 香港无论现在还是将来都是世界经济贸易的一个中心。这句话的意思是：香港永远是世界经济贸易的中心。　　　　（√）

二　听时练习

课文（一）

听前提示：注意相声《北京之"最"》中的北京之"最"是什么。

甲：你是北京人吗？

乙：不是。不过我在北京住了20多年了。

甲：你才住了20多年，那你不如我。

乙：你住了多少年了？

甲：70多年了。

乙：您今年多大年纪了？

甲：46岁。

乙：您46岁。怎么在北京住了70多年呢？

甲：我先住7年，后来又住了10多年，不是70多年吗？

乙：这是70多年啊？

甲：我是老北京了。

乙：那你对北京很熟悉了？

甲：太熟悉了。

乙：你真的很了解北京吗？

甲：当然了解了。北京是中华人民共和国的首都。

乙：这谁不知道呀？

甲：北京的历史，北京的地理，北京的建筑，北京的名胜古迹，北京的天气，北京人的性格，北京人的脾气，北京人的爱好，北京人的风俗习惯，我都非常了解。

乙：是吗？既然你对北京这么了解，那你能不能说说"北京之最"？

甲："北京之最"，我知道得太多了。

乙：都有什么？

甲：最好吃的是北京烤鸭；最好喝的是北京啤酒；最好玩儿的是北京颐和园；最可乐的是北京相声。

乙：噢，你只知道吃喝玩儿乐啊！

甲：别的我也知道。

乙：那我问问你，北京什么最大？

甲：天安门广场最大。这是世界上最大的广场。

乙：北京的什么最小？

甲：北京的一种工艺品，在头发上刻的字最小。

乙：北京的什么最高？

甲：中央电视塔最高。站在塔上可以看到整个北京的风景。

乙：北京的什么最矮？

甲：你说什么最矮？

乙：我不知道，我问你呢。

甲：要是有人问你北京什么最矮，你就告诉他：我儿子的玩具小房子最矮。

乙：那是够矮的。北京的什么最快？

甲：北京的建设速度最快。你没看见？这几年北京新盖了多少楼房，新修了多少马路，新建了多少体育馆，新开了多少饭馆。

乙：这发展速度是够快的。北京的什么最慢？

甲：北京人打太极拳最慢。

乙：北京的什么最长？

甲：北京的长安街最长。从东边的通县到西边的石景山有100里，叫百里长街。

乙：北京的什么最短？

甲：北京人吃饭的时间最短。

乙：怎么是吃饭的时间最短哪？

甲："我吃饭"。用了多长时间？

乙：我哪儿知道你用多长时间？

甲：（数）"我吃饭"——1秒半。

乙：你光说不吃啊？

1. 听后根据课文的内容连线

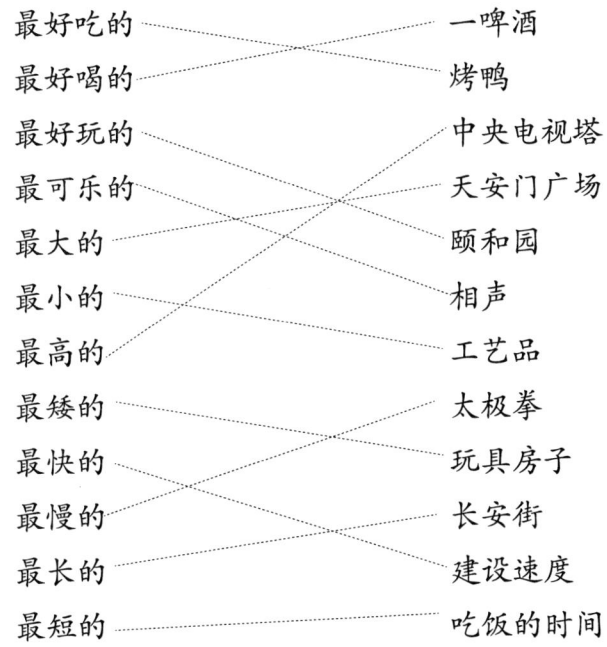

最好吃的　　　　　　　　啤酒
最好喝的　　　　　　　　烤鸭
最好玩的　　　　　　　　中央电视塔
最可乐的　　　　　　　　天安门广场
最大的　　　　　　　　　颐和园
最小的　　　　　　　　　相声
最高的　　　　　　　　　工艺品
最矮的　　　　　　　　　太极拳
最快的　　　　　　　　　玩具房子
最慢的　　　　　　　　　长安街
最长的　　　　　　　　　建设速度
最短的　　　　　　　　　吃饭的时间

2. 填空

20、20、70、46、46、70、70、70、非常、吃喝玩儿乐、百里长街、光说不吃

课文(二)

听前提示:注意听上海的城市建设怎么样。

情景:方云天的表弟陈伟中从香港来北京上大学,这天他到方云天的宿舍玩儿。

方云天:我来介绍一下,这位是我们宿舍的大哥王沪生。这是我的表弟陈伟中。

王沪生:你好!云天常常提起你,他说你从香港来北京学习,是吧?

陈伟中:王沪生大哥,你一定是上海人吧?我妈妈出生在上海,我可以说是半个上海人。

方云天:你看,他跟上海人多亲近!

王沪生:你妈妈是上海人?她最近回去过吗?

陈伟中:回去过。她说,上海的变化可大了。要是没有人去接她,她就找不到家了。

王沪生:改革开放以后,上海作为中国最大的工业城市,经济发展得非常快,到处是新建的工厂、公司、商场、贸易中心。

方云天:上海的城市建设变化也很大。去年夏天我去上海,发现道路比以前宽了,道路两边修建了很多高楼。特别是上海新修了很多立交桥和高架桥,晚上看,汽车好像在天上开一样,好看极了。

陈伟中:我在电视上看了,黄浦江上新修的黄浦大桥,十分雄伟、壮观。

王沪生:修建了黄浦大桥,从浦西到浦东就方便多了。

陈伟中:我还没去过上海,有机会我一定去上海看看。

王沪生:你去上海的时候千万别忘了去南京路和外滩。

1.听后口头回答问题

(1)陈伟中为什么猜想王沪生是上海人?

(2)为什么陈伟中跟上海人很亲近?

(3)陈伟中的母亲说上海变化可大了,为什么?

(4)上海是中国最大的什么城市,它的城市建设怎么样?

2. 听后画线

在谈到"上海的城市建设变化很大"时，提到了下列哪些词语？请在提到的词语下边画横线。

<u>高楼</u>　　　　<u>立交桥</u>　　　　贸易中心　　　　工厂

公司　　　　　商场　　　　　　<u>黄浦大桥</u>　　　<u>高架桥</u>

3. 填空

半个、工业城市、立交桥、高架桥

课文（三）

听前提示：你去过天津吗？你对天津的印象如何？你知道天津有什么好吃的吗？

情景：他们正聊着，孙海河从外面进来。

孙海河：哟，来客人了？你是云天的表弟吧？

陈伟中：我叫陈伟中，你好！

孙海河：我叫孙海河，是云天的同班同学，在这个屋里我是老三。

陈伟中：听口音你是天津人吧？

孙海河：不错。我生在天津，长在天津。你去过天津吗？

陈伟中：没有。天津有什么好玩儿的地方？

方云天：别站着了，坐下谈。

孙海河：天津是北方的一个重要的城市，好玩儿的地方可多了。你什么时候去天津，我陪你逛逛食品街，那里有各种风味的小吃。对了，你得买点儿天津的大麻花，那儿的大麻花非常有名。

陈伟中：我还想尝尝狗不理包子。听说去天津一定要吃狗不理包子。

孙海河：吃完以后可以去文化街和劝业场看看，最后再去水上公园玩儿玩儿。

陈伟中：我有一个朋友在南开大学学习，我想去看看他。

孙海河：南开大学离水上公园不远，走着有10多分钟就到了。我家就在南开大学附近，还可以顺便到我家坐坐，喝杯茶，休息休息。

陈伟中：好，到时候我一定去府上拜访。

孙海河：对了，云天，老四来电话了，说他明天中午坐飞机到北京。
陈伟中：老四是谁？
方云天：也是我的同屋，叫江渝。他奶奶刚去世，他回老家重庆了，明天回来。
陈伟中：表哥，你们屋里的四个人，上海、北京、天津、重庆，中国的四个直辖市都齐了。

1. 听后口头回答问题
   (1) 陈伟中是怎么猜到孙海河是天津人的？
   (2) 天津是一个什么样的城市？
   (3) 孙海河的家离哪儿较近？
   (4) 在哪儿有各种风味小吃？

2. 听后画线
   在说到天津的风味小吃时，提到了下面哪些词语？请在提到的词语下边画横线。

   <u>食品街</u>　　　水上公园　　　南开大学
   文化街　　　<u>大麻花</u>　　　<u>狗不理包子</u>

3. 填空
   老三、文化街、拜访

课文（四）

听前提示：你去过广州吗？关于广州你都知道些什么？

情景：孙海河的桌子上放着他女朋友的照片，他们从孙海河的女朋友谈到广州。

陈伟中：这张照片好漂亮啊，她是谁？
孙海河：我的女朋友，她叫苏粤。
陈伟中：苏粤，这个名字听起来怎么像是广东人？
孙海河：她就是广州人，离香港挺近的。你一定去过广州吧？

第8课　你了解这些城市吗?

陈伟中：去过好多次了，差不多每年放假都跟我爸爸去广州。

孙海河：那你知道广州为什么叫羊城吗?

陈伟中：当然知道了。说起羊城这个名字，还有一个美丽的传说呢。古时候，有五位仙人身穿漂亮的仙衣，骑着五只仙羊，带着仙稻穗来到珠江边。他们把仙稻穗分给了当地人，当地人把这些仙稻穗作为种子，以后这里就有了大米。这儿的人口越来越多，慢慢地变成了一个城市。人们把这个城市叫做五羊城，也叫羊城，后来才改叫广州。现在广州城里有一座五羊的雕塑，就是根据这个传说修建的。

孙海河：广州还有一个名字叫什么?

陈伟中：花城。每年春节广州都有花会，我去过好几次呢。花会的时候，整个城市好像花的海洋，一枝枝，一束束，还非常便宜。好多香港人专门去广州买花儿，他们买了各种各样的鲜花带回去。

孙海河：看来，你快成广州通了。

1. 听后口头回答问题

   (1) 广州又称为羊城,这个名字是怎么来的?
   (2) 广州为什么又叫做花城?
   (3) 孙海河为什么说陈伟中快成广州通了?

2. 听后画线

   下面这些词语中哪些和羊城的传说有关？请在有关的词语下边画横线。

   <u>仙人</u>　<u>仙羊</u>　<u>仙衣</u>　<u>仙稻穗</u>　花会　<u>珠江边</u>　花城

3. 填空

   放假、大米、花城

课文(五)

听前提示：你去过香港吗？香港给你留下的最深的印象是什么？

情景：陈伟中给方云天他们介绍香港。

我出生在香港。香港地区包括香港岛、九龙和新界3个部分，面积有1061.8平方公里。古时候，这个地方是港口，又生产一种香料，所以人们就叫它香港。

1842年英国侵占了香港岛。100多年以后，1997年7月1日，香港又回到了祖国的怀抱。香港回归的那天，很多香港人整夜没有睡觉，收看庆祝香港回归的电视节目。

香港是世界著名的自由港。无论现在还是将来，都是世界经济贸易的一个中心。

香港的旅游业非常发达，每年去香港旅游的人很多。欢迎你们到香港旅游，到了香港，你们可以去海洋公园、浅水湾玩儿玩儿，也可以去逛逛大商场，买些又便宜、质量又好的东西带回来。你们一定不会空手而归的。

1. 听后根据课文的内容连线

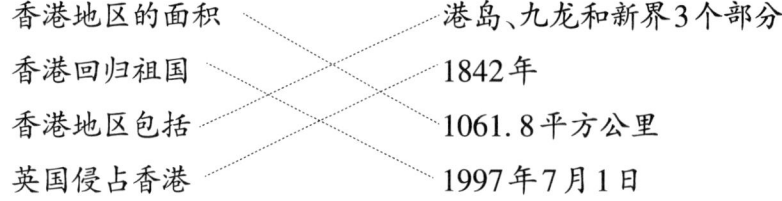

2. 填空

1061.8、回归、中心、空手而归

三　听后练习

(一) 再听一遍课文(一)至课文(四)，想一想下面的词语各和哪个城市有关。在词语后边的横线上写出A、B、C、D、E(A—北京，B—上海，

C—天津。D—广州，E—香港)

花城	D	水上公园	C
南开大学	C	黄浦大桥	B
外滩	B	羊城	D
南京路	B	海洋公园	E
大麻花	C	浅水湾	E
狗不理包子	C	新界	E
长安街	A	九龙	E
天安门广场	A	五羊雕塑	D
劝业场	C		

(二) 口头回答问题

1. 请介绍一下北京。
2. 请介绍一下上海。
3. 请介绍一下天津。
4. 请介绍一下广州。
5. 请介绍一下香港。
6. 谈谈你们国家之"最"或你的城市之"最"。
7. 你去过中国哪些地方？对什么地方印象最深？为什么？
8. 中国有哪四个直辖市？
9. 这四个直辖市的简称是什么？

四　泛听练习

(一) 中国的三大火炉

在中国，武汉、南京、重庆被称为"三大火炉"，因为这三个城市的共同点是夏季天气闷热，最高气温常在35摄氏度以上，人们好像生活在大火炉里边一样。

　　这三个城市还有很多共同点,它们都是中国的历史文化名城,有很多名胜古迹。到了武汉,应该去看看东湖和黄鹤楼。南京的秦淮河、夫子庙每天晚上灯火通明,人来人往,热闹极了。重庆是闻名中外的山城,晚上登上市区最高的公园两江亭,远远望去,山城万家灯火,真是特别好看。武汉、南京都是省会城市,重庆是中国第四个直辖市,三个城市又都靠着长江。武汉有武汉长江大桥,南京有中国最著名的南京长江大桥,所以,三个城市都是政治、经济、文化中心,也是重要的交通中心。

听后判别正误

(1) 中国的三大火炉是武汉、南京和重庆。　　　　　　　　　　(√)
(2) 这三个城市最主要的特点是夏天天气闷热。　　　　　　　　(√)
(3) 这三个城市都是中国历史名城,有很多名胜古迹。　　　　　(√)
(4) 到了南京应该去看看东湖和黄鹤楼。　　　　　　　　　　　(×)
(5) 到了武汉应该去最高的公园两江亭看看山城的万家灯火。　　(×)
(6) 到了重庆应该去看看秦淮河和夫子庙。　　　　　　　　　　(×)
(7) 武汉、南京是省会城市,重庆是直辖市。　　　　　　　　　(√)
(8) 三个城市都是中国的工业、农业和商业的中心,也是重要的交通中心。　　　　　　　　　　　　　　　　　　　　　　　　　　(×)

(二)苏州和杭州

　　俗话说:"上有天堂,下有苏杭"。苏州、杭州是闻名中外的风景旅游城市,苏州全城都有园林,代表了中国园林建筑的最高水平,自古就有"江南园林甲天下,苏州园林甲江南"的说法。还有,太湖13个景区,有8个在苏州。美丽的园林和山水风景让人看不够。杭州有著名的西湖风景区和富春江、千岛湖等风景名胜区。当太阳落山的时候,站在西湖边上,远远看去,小桥假山、亭台楼阁、湖光山色、长堤高塔,真好像一幅美丽的山水画儿。

　　苏杭又都是古城,历史上交通、商业、农业、手工业一直都很发达。

特别是手工业，在国内外影响很大，像有苏州地方特色的苏绣、苏扇、工艺品等。苏州和杭州还是重要的丝绸产地。这里生产的丝绸种类多，质量好，颜色美，具有东方艺术特色，深受人们的喜爱。

听后选择正确答案（不止一个正确答案）

苏州和杭州有哪些特点？

A. 上有天堂，下有苏杭
B. 都是风景优美的旅游城市　※
C. 都是历史古城　※
D. 交通、商业、农业和手工业都很发达　※
E. 都是重要的丝绸产地　※
F. 都受到人们的喜爱

（三）春城和冰城

昆明和哈尔滨是中国一南一北两个名城，这两个城市的特点非常有意思。

昆明被称为"春城"。由于它周围有很多山，又受到海洋气候的影响，所以冬天不冷，夏天不热，一年的平均气温是14.7摄氏度，四季如春。昆明有25个民族，少数民族人口占总人口的10%。它还是中国各地和周边国家进行贸易往来的中心。昆明也是著名的旅游城市，自然风景很漂亮，比如滇池、石林等地，非常美丽。

哈尔滨在中国的东北，一年的平均气温3.5摄氏度，历史上最低气温达到零下38.1度。从10月上旬到第二年4月下旬，都可以见到冰雪，所以称为"冰城"。哈尔滨也是一个重要的工业城市，但是它最著名的还是冰雪。从1985年开始，每年冬天都有冰雪节。美丽的冰雕、冰灯、雪景，吸引了大批中外游客。这里的滑雪、滑冰、冰球、坐冰车等冰雪运动项目，使游客们忘记了寒冷的冬天。

听后选择正确答案（不止一个正确答案）

春城和冰城有哪些不同？

A. 一个在中国的西南；一个在中国的东北 ※

B. 一个四季如春；一个三季有雪 ※

C. 一个人口很多；一个人口很少

D. 一个温度很高；一个温度很低

E. 一个自然风景很漂亮；一个冰雕、冰灯、雪景很美丽 ※

F. 一个是贸易的中心；一个是重要的工业城市 ※

（四）桂林山水甲天下

桂林在广西壮族自治区的东北部，是一座山清水秀的历史文化名城，又是山水甲天下的风景旅游城市。这个城市因为桂树成林，所以叫桂林。

桂林的夏天不热，冬天也不冷，有"三冬无雪，四季常花"的说法。夏天的平均气温是28.5摄氏度，冬天的平均气温是8.3摄氏度。桂林美，美在有山有水。真的是城外有山，山外有城，城中多湖，江过城中。整个城市就好像一幅美丽的山水画儿。桂林的特点用八个字来说就是：山清、水秀、洞奇、石美。

到桂林一定要游漓江。坐船从桂林到阳朔，一共83公里。一路上，有看不完的奇山美景，漓江两岸的山峰映在水中，就好像船在山顶行，人在画中游。游览漓江，会给人留下终生难忘的美好印象。

听后选择正确答案

下面哪个不是桂林的特点？

A. 有很多桂花树

B. 夏天不热，冬天不冷

C. 城外有山，山外有城，城中多湖，江过城中

D. 山清、水秀、洞奇、石美

E. 有美丽的山水画儿 ※

F. 每个季节都有鲜花 ※

G. 一个四季如春；一个三季

第9课　你想听留学生自己的故事吗？

> **学习目的**
> （一）训练学生听懂发生在自己身边的小故事。
> （二）微技能训练：提高学生辨别分析的能力、快速反应的能力和概括总结的能力。
>
> **学习内容**
> （一）19个生词，精听课文6段。
> （二）听辨词语和句子。

一　听前练习

（一）词语练习

1. 听句子挑出生词，教师讲解生词

　　（1）马克的东西丢了，他去派出所报案。

　　（2）那个戴红领巾的小姑娘汉字写得很端正。

　　（3）皮埃尔对京剧着迷了，他每天早上练习京剧的基本功，下午去剧团排练。

　　（4）山本的父亲专程从日本来北京看中医。

　　（5）在公共场所跟别人吵架，是不光彩的事。

　　（6）宋老师走进教室，同学们觉得她真是光彩照人，满堂生辉。

　　（7）我看见那个妻子打了丈夫一个响亮的耳光，觉得非常惊奇。

　　（8）韩国人说："妻子打丈夫，世界的末日就要到了。"

(9) 王老师是一个和蔼可亲的老教师，昨天我们去她家做客，她给我们做了一顿香喷喷的饺子。

(10) 他说出话来洋腔洋调，一听就是外国人。

(11) 我们做事情要坚持到底，不能半途而废。

(12) 我学习汉语的兴趣越来越浓，从父母亲逼我学习，变成了我自觉地学习。

2. 听句子，根据句意猜老师指出的词语的意思

(1) 他一生经历过两次战争。

(2) 小王非常幽默，他走到哪儿，哪儿就有笑声。

(3) 这是一本关于语言学理论的新书。

(4) 听说明天要去参观，同学们的情绪都很高。

(5) 俗话说："拳不离手，曲不离口。"只有每天不断地练习，才能提高听说的能力。

(6) 那个孩子很聪明，可是他太贪玩儿，太懒惰，不努力，所以学习成绩不好。

(二) 句子练习

听句子口头回答问题

1. 一块钱，我从来没有看重过的一块钱，可是今天不一样了。

问：今天我觉得一块钱怎么样？

2. 因为飞机起飞早，前一天我们预订了一辆出租汽车，讲好价钱来回150块。

问：开车前说话人知道应交多少车费吗？

3. 我赶快下楼，以跑百米的速度跑到学校门口？

问：说话人往学校门口跑的速度怎么样？

4. 刚到中国，我以为只有北京才有京剧。

问：除了北京，别的地方看得到京剧吗？

5. 马老师一个动作一个动作地教，教我怎么样坐，怎么样站，怎么样走，怎么样表演，他说这是基本功。

    问：基本功包括什么？

6. 俗话说："拳不离手，曲不离口"。

    问：这句俗话是什么意思？

7. 不少女人也认为自己天生不如男人。

    问：男人认为女人比自己强吗？

8. 中国的丈夫经常帮助妻子做饭、买菜、洗衣服、照顾孩子，有人说他们怕老婆，是"气管炎（妻管严）"。

    问：为什么有人说中国的丈夫是"气管炎（妻管严）"？

9. 她第一次走进教室真是光彩照人，满堂生辉。

    问：她长得怎么样？

10. 想起在家生病的时候，爸爸、妈妈都在身边问这问那，给我拿药送水。

    问：说话人在家生病的时候，父母怎么做？

11. 杨老师说："你们是坚持一下爬到山顶呢，还是半途而废？勇敢的人一咬牙就爬上去了。"

    问：杨老师鼓励我们做什么样的人？

二 听时练习

课文（一）一块钱的故事

听前提示：课文中的留学生在北京经历了一件什么事？

我叫彼得，是美国学生。我给大家讲一个我亲身经历的故事。

那一天是星期日。我坐公共汽车进城。汽车上特别拥挤，连胳膊也不能动。下车的时候，我忽然发现钱包没有了。我把所有的衣服口袋都翻遍了，也没找到。我的头上急出汗来了。

这时候,一个戴红领巾的小姑娘看到我着急的样子,走过来问:"叔叔,你丢东西了吗?"我告诉她我的钱包被人偷了。她说:"我陪你去派出所报案吧!"派出所不远,警察问了我的姓名、住址,我把丢东西的情况说了一遍。他们说有了消息就通知我。我和小姑娘从派出所出来,她问我:"叔叔,你一分钱也没有了,怎么办呢?"我说:"我走回学校去。"她从口袋里掏出一块钱,递到我手里,说:"我身上只有这一块钱,你拿去坐车够了吧?"

一块钱,我从来没有看重过的一块钱,可是今天不一样了。我连忙说:"谢谢,谢谢你!"我的心情太激动了。直到上了汽车,我才想起来:忘了问她叫什么名字、住在哪儿。

1. 听后口头回答问题

　　(1) 美国学生彼得在哪儿丢了钱包?
　　(2) 一个戴红领巾的小姑娘给了彼得什么帮助?

2. 听后判别正误

　　(1) 小姑娘把自己身上所有的钱都掏了出来。　　　　　(√)
　　(2) 彼得知道小姑娘的名字和地址。　　　　　　　　　(×)
　　(3) 彼得找钱包时,天气很热,他的头上出了汗。　　　(×)
　　(4) 彼得不知道怎么去派出所报案。　　　　　　　　　(√)
　　(5) 彼得以前觉得一块钱很重要。　　　　　　　　　　(×)

3. 填空

　　钱包、消息、一块钱、一块钱、叫什么名字

课文(二) 难忘的一件事

听前提示:下面这位留学生最难忘的事是什么?

　　我叫山田华美,是日本留学生。我给大家讲一件我最难忘的事。

第9课　你想听留学生自己的故事吗？

　　长这么大，我丢过两次钱包，第一次是在东京，第二次是在北京。这第二次是我永远也忘不了的。

　　去年寒假，我的男朋友专程从日本来看我，一转眼4个星期就过去了。男朋友回国我得去机场送他。因为飞机起飞早，前一天我们预订了一辆出租汽车，讲好价钱来回150块。第二天司机准时来到宾馆接我们。在机场我一直等男朋友上了飞机，才动身回来。我上了出租汽车，想起再见面得半年以后了，眼泪就流了出来。我越想越难过，不由得哭出声音来。司机把一块新手绢儿递给我。我接过手绢儿连忙解释："对不起，我刚送走了男朋友，心里很难过……"我还没说完，司机就说："别解释了，人都一样。别说你是一个女孩子，我送我女儿出国的时候也哭了。"我觉得很奇怪，一个大男人也哭了？想着一个大男人哭的样子，我觉得很可笑，就说："真的吗？你们男人也会哭？"他一边笑一边说："男人也是人啊。高兴了就笑，难过了就哭；饿了就吃，困了就睡。"他一句话把我说笑了。后来我们又谈了很多。他还鼓励我好好学习，学好汉语，找到一个好的工作。我觉得这位司机很幽默，也很亲切。

　　不知不觉汽车到了我们出发的宾馆。我对司机说："对不起，我不在这儿下车，您把我送到北京大学吧。"司机想了一下儿说："好吧，你再加10块钱。"我说："从这儿到北大没有两分钟的路，还要加10块钱？"不管我怎么说，司机还是坚持要加10块，我只好同意了。这时，我对他的好感一点儿也没有了。下车的时候，我把160块钱扔给他，生气地说："你只认钱，以后再也不坐你的车了。"司机把钱收起来什么也没说。

　　我回到宿舍，觉得口很渴，想买点儿饮料。一掏口袋，钱包没有了。哎呀，不好，一定是忘在出租车上了。我赶快下楼，以跑百米的速度跑到学校门口，可是那辆出租车已经开走了。我的钱包里有男朋友给我的5000美元，还有1000多人民币。想起司机那么爱钱，钱包肯定找不回来了，急得我又哭了。

　　第三天，我从外面回到宿舍，刚一进门，学校保卫处的张科长就告诉我："有个司机来找你，说你的钱包掉在他的车上了。因为钱包里没有你的具体地址，他怕你着急，花了整整两天的时间在学校门口等你，一直没等到你。今天他把钱包交到学校保卫处，让我们转交给你。"接过钱包一看，我的钱一分没少，我高兴得跳了起来，真没想到钱包还能回到我身边。

那位司机没留下他的地址和姓名。人家怕我着急，用了两天的时间找我，可是为了10块钱，我跟他发了脾气，还说了难听的话，想起这些，觉得真对不起他。我在心里祝福他健康、平安、幸福。

1. 听后口头回答问题

（1）山田华美哭了几次？哭的原因是什么？笑了几次？笑的原因是什么？

（2）山田华美为什么生司机气？

2. 听后判别正误

（1）出租车的价钱是事先讲好的160块。　　　　　　　　　　　　（×）

（2）山田华美开始觉得这位司机很幽默，也很亲切。　　　　　　（√）

（3）下车的时候山田华美觉得司机只认钱，她把钱扔给了司机。　（√）

（4）山田华美出发的宾馆离北京大学比较远，所以司机提出再加10块。

　　　　　　　　　　　　　　　　　　　　　　　　　　　　　　（×）

（5）花了两天的时间，司机才找到山田，后来把钱亲自交给了山田。（×）

3. 填空

东京、北京、半年、一句话、坚持、5000、1000、一分没少、在心里

课文（三）我是京剧迷

听前提示：你是什么迷？下面这个学生是什么迷？

老师们、同学们：

你们好！

我是法国留学生，叫皮埃尔。五年以前我在巴黎看过中国的京剧．虽然看不懂，可是我喜欢人物的服装和表演。三年前我得到政府的奖学金，来

第9课　你想听留学生自己的故事吗？

到上海学习汉语。刚到中国，我以为只有北京才有京剧，以后再也看不到京剧了。可是事实证明我的想法错了。

上海不仅有上海京剧院；而且我们学校也有一个京剧团。上海京剧院有很多非常有名、非常优秀的演员，经常在大剧场里演出。我们学校的京剧团有中国老师、中国学生，也有外国留学生。上海京剧院的演员还常来我们学校辅导，帮助排练。一有空儿，我就去看他们排练和演出。

有一天，一位姓马的老师来到我的宿舍，问我："听说你很喜欢京剧，是吗？"我说："非常喜欢。""那你参加学校的京剧团好不好？你的发音、相貌、身材都很好，适合学京剧。"我说："好吧，我试试。"

校京剧团每个星期活动三次。马老师一个句子一个句子地教我，先教我念，再教我唱。他还一个动作一个动作地教，教我怎么样坐、怎么样站、怎么样走、怎么样表演。他说这是基本功。我买了不少关于京剧的书。有的介绍京剧的理论和知识，有的介绍京剧的剧情。书里有很多生词和不懂的句子，有时候我问马老师，有时候我查词典。这样既学习了汉语，又了解了中国的传统文化。我的汉语水平提高得很快。半年以后，上海市举行留学生京剧比赛。我和一个塞尔维亚女同学表演的《四郎探母》得了第一名。从此，我对京剧更加着迷。俗话说："拳不离手，曲不离口。"下了课，除了做作业，我就是听京剧的录音，一边听，一边跟着唱。同学们都说我是一个京剧迷。

1. 听后口头回答问题

　　（1）皮埃尔是怎么进学校京剧团的？

　　（2）为什么说皮埃尔是个京剧迷？

2. 听后判别正误

　　（1）皮埃尔从第一次看京剧到现在已经有五个年头了。　　　　（√）

　　（2）第一次看京剧时皮埃尔虽然看不懂，但他很喜欢人物的服装和表演。

　　　　　　　　　　　　　　　　　　　　　　　　　　　　　　（√）

(3) 皮埃尔的学校里有一个京剧团,全是中国人。　　　　　　（✗）

(4) 皮埃尔常去看学校京剧团的排练和演出。　　　　　　　（✓）

(5) 皮埃尔学习了三年京剧后,参加了上海市留学生京剧比赛,获得第一名。　　　　　　　　　　　　　　　　　　　　　　　（✗）

(6) 学习京剧后,皮埃尔的汉语水平提高得很快。　　　　　（✓）

3. 填空

证明、有空儿、适合、书、第一名

课文(四) 我看到的中国妇女

听前提示:到中国后,你所了解的中国妇女和你来中国以前所想象的一样吗?

我是来自韩国的留学生,叫金银花。

我刚来中国不久,有一次看电视,电视里妻子打了丈夫一个响亮的耳光。我觉得非常惊奇。妻子打丈夫在韩国的电视里是绝对看不到的。韩国人常说:"妻子打丈夫,世界末日就要到了。"韩国有句俗话说:"女人的敌人是女人自己。"不少女人也认为自己天生不如男人。一般妇女结婚以后就是照顾公公婆婆、抚养孩子、帮助丈夫,做所有的家务事。

来到中国以后,我注意了解中国妇女的情况。我发现中国的妇女比韩国的妇女厉害、能干。除了看到的电视里妻子打丈夫以外,在生活中也是这样。比如,有一次我坐公共汽车,看见司机是女的,售票员是男的,女人比男人能干。还是在这辆车上,一个女乘客跟男售票员吵架。我很奇怪,女人怎么能跟男人吵架呢?在韩国女人跟男人吵架被认为是不光彩的。

中国的丈夫经常帮助妻子做饭、买菜、洗衣服、照顾孩子。有人说他们怕老婆,是"气管炎(妻管严)"。我不同意这种说法。男女平等,夫妻真正相爱就要共同分担家务。妇女不能只做家务,也应该参加社会活动。我看到很多中国妇女活跃在社会的各个方面,有女科学家、女教授、女飞行员,还有女外交官等等。她们不但跟男人做一样的事情,而且有的比男人做得更好。我觉得中国的妇女真了不起,她们多幸福啊。

第9课 你想听留学生自己的故事吗?

1. 听后口头回答问题

(1) 韩国学生在电视里看到了什么镜头觉得很惊奇?

(2) 中国妇女和韩国妇女相比有什么不同?

(3) 韩国学生为什么认为中国妇女真了不起?

2. 听后判别正误

(1) 不少韩国妇女认为自己天生不如男人。　　　　　　　　（√）

(2) 金银花认为妇女只能做家务。不应该参加社会活动。　　（×）

(3) 金银花认为女人不该和男人吵架。　　　　　　　　　　（√）

(4) 金银花羡慕中国妇女。　　　　　　　　　　　　　　　（√）

(5) 中国妇女不用做所有家务。　　　　　　　　　　　　　（√）

3. 填空

耳光、不光彩、社会活动

课文(五) 一位非常漂亮的女老师

听前提示:宋老师是一个什么样的老师?

各位老师、各位同学:

你们好!

我叫施和平,加拿大人。我给大家讲的是我的老师宋文玉。

宋文玉老师今年27岁。她黑黑的头发,大大的眼睛,端正的鼻子,弯弯的眉毛,白白的皮肤,苗条的身材。她第一次走进教室真是光彩照人,满堂生辉。我从来没有见过这么漂亮的女老师。我想,她要是去好莱坞发展,准是第一流的演员。

宋老师的父亲是外科医生,母亲是妇产科医生。他们希望宋老师继承医生的职业。可是宋老师对教育学很有兴趣。她说:"医生可以使病人成为身体健康的人,教师可以使学生成为有知识、有能力、思想健康的人,教师是最神圣的职业。"

宋老师对学生非常关心。有一次我感冒了，没去上课，一个人躺在宿舍里。想起在家生病的时候，爸爸、妈妈都在身边问这问那，给我拿药送水。可是现在没人照顾，越想越难过。这时候，有人敲门，是宋老师来了。她给我做了一碗香喷喷的面条，还带来一些水果。她看着我吃完，又带我去看病。回到宿舍让我好好休息，还问我："你想吃什么？晚上我给你做。"在她的照顾下我的病很快好了。

　　我们班是A班，12个学生都是欧美人。刚学习汉语，发音和声调都不好，说出的话洋腔洋调，她就一遍一遍地纠正我们的发音和声调，直到我们说出标准自然的句子。我们记不住汉字，她一遍一遍地给我们听写，还教我记汉字的方法。我们班有一个同学年纪比较大，每次考试都不太好，想退学。宋老师就鼓励他要有信心，说："做什么事情都得有信心，有信心就是成功的一半。"宋老师还给他讲《愚公移山》的故事。我们贪玩懒惰的时候，宋老师就严厉地批评我们。快考试的时候，我们都很紧张，宋老师又让我们放松，她跟我们一起去喝咖啡，去公园游览，还陪我们去游泳。20周的学习很快结束了。最后，我们班的12个学生全都通过了HSK考试3级，有的还通过了4级、5级。

　　在结业会上，宋老师开心地笑了，她笑得那么甜、那么美。她是一位从里到外都十分漂亮的老师。

1. 听后口头回答问题

　　(1) 宋老师长得什么样？
　　(2) 宋老师为什么选择了教师这个职业？
　　(3) 宋老师关心学生吗？她从哪几方面关心学生？

2. 听后判别正误

　　(1) 施和平觉得宋老师很漂亮，可以当电影演员。　　　　　　(√)
　　(2) 宋老师认为教师可以使学生成为身体健康的人。　　　　　(×)

(3) 我们记不住汉字的时候宋老师一遍一遍地纠正我们的发音和声调。

(×)

(4) 宋老师说:"做什么事儿都得有信心,有了信心,就成功了。" (×)

(5) 我生病的时候,宋老师给我做我想吃的饭,还带我去医院看病。 (√)

3. 听后根据课文的内容连线

宋文玉老师长得什么样儿?

4. 填空

第一流、教育学、面条、信心、20周

课文(六) 鼓励

听前提示:你学汉语遇到困难时,老师是怎么做的?你希望老师怎么做?请注意听下面这位老师是怎么做的?

我叫陈英林,是印度尼西亚的学生。

我来中国已经一年多了。在北京语言大学我有幸分在杨老师任课的班。要是没有杨老师的鼓励,今天我可能已经不在北京了。这是怎么回事呢?听我慢慢地告诉你们。

我出生在一个印尼华侨的家庭。爸爸、妈妈从小就让我学习汉语。爸爸对我非常严厉,他常说的一句话是:"你怎么这么笨?我教了这么多遍你还记不住!"为了学习汉语,我没少挨骂,所以我既怕汉语,又恨汉语。他们出钱让我来中国学习,我不想来,怕遇见跟爸爸一样的老师,可是爸爸和妈妈非让我来不可。

第一天上课的时候，杨老师说的第一句话是："欢迎你们到中国来学习，欢迎你们到北京来学习，欢迎你们到北京语言大学来学习，欢迎你们到汉语速成学院来学习，欢迎你们到速成系来学习。"他一口气说了5个欢迎，我们的紧张情绪一下子都没了。杨老师50多岁，他总是面带微笑，是一位和蔼可亲的老教师。

在杨老师的课上，掌声、笑声一阵又一阵，课堂气氛十分活跃。我们说错了，杨老师从来不批评，而是鼓励我们。他常说："你们说错没关系，没有错，怎么有对呢？不怕你们说错，就怕你们不说。"在练习时，谁说了一个好句子，谁课文念得好，谁听写有进步，杨老师都带头热烈鼓掌。我最怕在黑板上听写汉字。开始的时候，每次听写都有不少错误。为了鼓励我，杨老师改变了方法。前一天先辅导我，帮我练习，第二天让我在黑板上听写。这样，我的错误越来越少，后来就没有错误了。

杨老师很会讲故事。谁遇到什么困难和问题，杨老师就讲一个故事。听完故事我们就知道了应该怎么做，不应该怎么做。他用讲故事的方法提高我们的学习兴趣，鼓励我们改进学习方法。杨老师不仅自己鼓励我们，还让同学们互相鼓励，互相帮助，谁有困难大家都帮助他，谁有进步大家都为他高兴。

第一个学期快结束的时候，我们都觉得太累了，大家的学习情绪下降了。杨老师及时鼓励我们，他说："学习好像爬山一样，开始的时候兴趣很高，不觉得累，爬过一半的时候体力下降了，觉得很累。你们是坚持一下爬到山顶呢，还是半途而废？勇敢的人一咬牙就爬上去了。我相信你们都是勇敢的人。"

在杨老师的鼓励下，我学习汉语的兴趣越来越浓，从爸爸、妈妈逼我学习，变成了我自觉地学习。现在，我不想家了，我的根在中国，我的家也在中国。

第9课　你想听留学生自己的故事吗？

1. 听后口头回答问题
    (1) 来中国以前陈英林为什么怕学习汉语？
    (2) 第一天上课时，他遇到了一个什么样的老师？
    (3) 陈英林现在还怕学汉语吗？为什么？

2. 听后判别正误
    (1) 如果没有杨老师的鼓励，陈英林可能早就回国不学汉语了。（√）
    (2) 陈英林来中国学习是父母逼的。（√）
    (3) 第一天上课的时候，陈英林的情绪一直很紧张。（✗）
    (4) 在杨老师的课堂上，你经常可以听到掌声和笑声，原来这是同学们在表演节目。（✗）
    (5) 杨老师让同学们互相鼓励。（√）

3. 填空
    严厉、让我来、面带微笑、鼓励、讲故事、勇敢、自觉

三　听后练习

（一）再听一遍课文（一）至课文（六），然后口头回答问题
    1. 你丢过钱包吗？丢了钱包后，你会怎么办？
    2. 在中国一块钱能买到什么？你觉得它重要吗？
    3. 你觉得司机该不该让山田华美再加十块钱？
    4. 你如何评价这位司机？
    5. 你了解京剧吗？你喜欢京剧吗？为什么？
    6. 你觉得中国妇女和你们国家的妇女有什么不一样的地方。
    7. 到中国后你所了解的中国妇女和你来中国前所想象的一样吗？
    8. 你觉得宋老师漂亮吗？为什么？
    9. 你愿意在杨老师任课的班上课吗？为什么？

（二）复述练习（各篇课文每个学生轮流讲一段，直到把一篇课文讲完）

   1. 一天美国学生彼得进城，在公共汽车上他丢了钱包。

   2. 日本学生山田华美丢过两次钱包。

   3. 法国学生皮埃尔是个京剧迷。

   4. 韩国学生金银花没想到在中国的电视里看到了妻子打丈夫的镜头。

   5. 加拿大学生施和平第一次见到宋老师时，觉得……

   6. 印度尼西亚学生陈英林有幸分在杨老师任课的班……

第10课　你知道这些趣闻吗？

学习目的

（一）训练学生听懂发生在世界上的奇闻逸事。

（二）微技能训练：提高学生辨别分析的能力、快速反应的能力和概括总结的能力。

学习内容

（一）21个生词，精听课文8段。

（二）听辨词语和句子。

一　听前练习

（一）词语练习

听句子挑出生词，教师讲解生词

1. 在这次世界<u>博览会</u>上，中国的<u>钢铁</u>产品受到各个国家的重视。

2. 我的手表是<u>机械</u>表，得每天<u>上弦</u>。

3. 公园的椅子新刷了<u>油漆</u>，不能坐。

4. 保护环境是每个<u>公民</u>的义务。

5. 那个<u>残暴</u>的国王被<u>活捉</u>了。

6. 一头狮子的腿被<u>击中</u>，从<u>悬崖</u>上掉了下去。

7. 如果不把<u>导火线</u><u>熄灭</u>，整个大楼就会被<u>炸</u>掉。

8. 俄狄浦斯用他的<u>智慧</u><u>制服</u>了斯芬克斯，当了国王。

9. 社会福利协会雇了一些脾气好、有毅力的妇女专门抚养那些没有父母的孤儿。

10. 林肯和肯尼迪的遭遇一样，都是被人刺杀的。

(二) 句子练习

　　1. 听句子，口头回答问题

　　　(1) 大钟起初靠人力上弦，每个星期要上两次弦，每次需要8个小时，相当费时费力。到1913年改为电动上弦，就变得既省时又省力了。

　　　　问：大钟在1913年发生了什么变化？

　　　(2) 埃菲尔铁塔是1889年为迎接世界博览会在法国巴黎举行和纪念法国大革命100周年而修建的。

　　　　问：为什么要修建埃菲尔铁塔？

　　　(3) 布鲁塞尔人民赶走了外国侵略者，还活捉了残暴的约翰四世，他们在广场上庆祝自己的胜利。

　　　　问：布鲁塞尔人民在广场上做什么？为什么？

　　　(4) 人们想到这条狗曾经救过那么多人，就在悬崖上为它修建了这个纪念碑。

　　　　问：人们为什么在悬崖上为狗修建纪念碑？

　　　(5) 狮身人面像是古埃及第四王朝修建的，距离现在大约有4700年的历史。

　　　　问：狮身人面像是什么时候修建的？

　　　(6) 居住在苏门答腊岛上的巴达克族人，到现在还保留着一种古老的风俗，公公和儿媳妇不能直接说话，只有通过中间人才能进行谈话。

　　　　问：巴达克族人的古老风俗是什么？

　　　(7) 儿童村的妈妈都是雇来的，她们有的是独身妇女，有的是死了丈夫的寡妇，一般都受过训练，懂得关心和照顾儿童，行为端正，脾气好，有毅力，热爱儿童教育。

问：儿童村的"妈妈"是什么样的人？

(8) 林肯和肯尼迪是美国历史上两个有名的总统。这两个人虽然相差几代，但是他们的遭遇却有很多相同的地方，所以在一段时间里就成了美国报刊的热门新闻。

问：什么成了美国报刊的热门新闻？

2. 听句子，判别正误

(1) 去过伦敦的人差不多都知道议会大厦尖塔上的大钟。这句话的意思是：所有去过伦敦的人都知道议会大厦尖塔上的大钟。(×)

(2) 这些孩子被收养到儿童村，可以重新感受到家庭的温暖，重新得到母爱亲情。从这句话我们知道，孩子们进儿童村之前失去过家庭温暖和母爱亲情。(√)

(3) 在林肯和肯尼迪被刺以前，他们的夫人都曾经死了一个儿子。这句话的意思是：林肯的夫人和肯尼迪的夫人都曾经杀死了一个儿子。(×)

(4) 公公和儿媳妇说话的时候都面对着石头，好像石头真的是一个中间人。这句话的意思是：石头可以作为公公和儿媳妇说话的中间人。(√)

(5) 这座塔的样子很特别，只有夜间它才是笔直的。这句话的意思是：这座塔白天是倾斜的。(√)

二 听时练习

课文(一) 伦敦大本钟

去过伦敦的人差不多都知道议会大厦尖塔上面的大钟。这座大钟能发出响亮的声音，为伦敦人民报告时间，它是伦敦的一大名胜。因为麦克风跟大钟连在一起,所以钟响的时候,全世界的人都可以从BBC的广播中听到它的声音。这座大钟是1859年修建的。起初它靠人力上弦,每个星期要上两次弦,每次需要8个小时,相当费时费力。到1913年改为电动上弦,就变得既省时又省力了。这座大钟特别准,但是有一次它不准了,因为一个在塔上工作的人不小心把一滴油漆滴在大钟的指针上,使它变慢了。后来,那个油漆点儿被擦掉了,大钟又特别准了。负责修建这座大钟的人叫本杰明,所以这座钟也叫"大本钟"。"本"是指本杰明,"大"有两个意思,一是指本杰明身体高大,二是指这座钟特别大。

1. 听后判别正误

  (1) 伦敦大本钟建在议会大厦的尖塔上面。   (√)

  (2) 这座钟建成后,从来没有不准过。   (×)

  (3) 大钟一直是靠人力上弦和打钟。   (×)

  (4) 因为修建这座大钟的人叫本杰明,所以这座大钟叫"大本钟"。(√)

2. 按照听到的内容的顺序在句子前边写序号

  (6) 到1913年改为电动上弦,就变得既省时又省力了。

  (3) 麦克风跟大钟连在一起。

  (5) 起初靠人力上弦和打钟,每个星期要上两次弦,每次需要8个小时,相当费力。

  (4) 所以钟响的时候,全世界的人都可以从BBC的广播中听到它的声音。

  (1) 去过伦敦的人差不多都知道议会大厦尖塔上面的大钟。

  (2) 这座大钟能发出口向亮的声音,为伦敦人民报告时间。

3. 填空

  报告时间、8个小时、大本钟

第10课 你知道这些趣闻吗？

课文(二)巴黎埃菲尔铁塔

听前提示：注意埃菲尔铁塔的特点。

在巴黎市中心有一座高300米的铁塔，这座铁塔是巴黎的象征。因为是法国著名工程师居斯塔夫·埃菲尔设计的，所以这座铁塔就叫埃菲尔铁塔。这座铁塔是1889年为迎接世界博览会在巴黎举行和纪念法国大革命100周年而修建的。它是世界上第一座钢铁结构的高塔。这座塔的样子很特别，只有夜间它才是笔直的。由于太阳照射热胀冷缩，早晨铁塔向西偏斜100毫米，中午向北偏斜70毫米，当气温在零下10℃时，塔身比夏天矮170毫米。这座铁塔的里边有饭馆、酒馆、商店，非常热闹。到巴黎旅游的人都要参观一下这座有名的铁塔，它是巴黎的一个名胜古迹。

1. 听后判别正误

(1) 巴黎埃菲尔铁塔是世界上第一座钢铁结构的高塔。　　　　　　(√)

(2) 这座铁塔一直是笔直的。　　　　　　　　　　　　　　　　　(×)

(3) 埃菲尔铁塔位于巴黎市中心。　　　　　　　　　　　　　　　(√)

(4) 铁塔的高度永远是300米。　　　　　　　　　　　　　　　　(×)

(5) 铁塔的设计者叫埃菲尔，所以铁塔叫埃菲尔铁塔。　　　　　　(√)

(6) 法国大革命发生在1789年。　　　　　　　　　　　　　　　　(√)

2. 按照听到的内容的顺序在句子前边写序号

(6) 这座铁塔的里边有饭馆、酒馆、商店，非常热闹。

(1) 在巴黎市中心有一座高300米的铁塔，这座铁塔是巴黎的象征。

(5) 由于太阳照射热胀冷缩，早晨铁塔向西偏斜100毫米，中午向北偏斜70毫米，当气温在零下10℃时，塔身比夏天矮170毫米。

(3) 这座铁塔是1889年为迎接世界博览会在巴黎举行和纪念法国大革命100周年而修建的。

(2) 因为是法国著名工程师居斯塔夫·埃菲尔设计的，所以这座铁塔就叫埃菲尔铁塔。

(4) 这座塔的样子很特别，只有夜间它才是笔直的。

(7) 到巴黎旅游的人都要参观一下这座有名的铁塔，它是巴黎的一个名胜古迹。

3. 填空

象征、笔直、名胜古迹

课文(三) 小于连的故事

听前提示：注意小于连是谁？为什么在布鲁塞尔为他雕塑铜像？

在比利时的首都布鲁塞尔中心广场附近，有一个小孩儿撒尿的铜像。这个小孩儿叫于连，人们说他是"布鲁塞尔第一公民"。大家为什么这样喜欢小于连呢？这里流传着一个非常生动的故事。在15世纪初期，布鲁塞尔人民赶走了外国侵略军，还活捉了残暴的约翰四世，他们在广场上庆祝自己的胜利。小于连也来到中心广场。他突然发现一个小院子里有火光，走进去一看，是燃烧着的导火线。这条导火线通向市政厅的地下室，那里有全城用的火药。于连想："一定是坏人点的火，要是不把导火线熄灭，广场上的人都要被炸死，市政厅周围的房子也要被炸毁。应该马上把导火线熄灭，可是找不到水，怎么办呢？"这时他想出了一个办法，朝燃烧着的导火线撒了一大泡尿。火熄灭了，广场上的人得救了，市政厅和周围的房子也得救了。为了纪念于连，比利时一位著名的雕塑家在1619年雕塑了一个小孩儿撒尿的铜像，放在中心广场附近。从此，于连这个小英雄就世界闻名了。

1. 听后判别正误

(1) 于连是布鲁塞尔第一公民。 (√)

(2) 广场上有全城用的火药，要是不把导火线熄灭，广场上的人都要被炸死。 (✗)

(3) 于连找不到水，他就往导火线上撒了一大泡尿，火熄灭了，广场上的人得救了。 (√)

(4) 小于连和大家一起在广场上庆祝自己的胜利。 (√)

2. 按照听到的内容的顺序在句子前边写序号

（3）这条导火线通向市政厅的地下室，那里有全城用的火药。

（1）布鲁塞尔人民赶走了外国侵略军，还活捉了残暴的约翰四世，他们在广场上庆祝自己的胜利。

（2）小于连也来到中心广场。他突然发现一个小院子里有火光，走进去一看，是燃烧着的导火线。

（6）火熄灭了，广场上的人得救了，市政厅和周围的房子也得救了。

（4）于连想："一定是坏人点的火，要是不把导火线熄灭，广场上的人都要被炸死，市政厅周围的房子也要被炸毁。应该马上把导火线熄灭，可是找不到水，怎么办呢？"

（5）他想出了一个办法，朝燃烧着的导火线撒了一大泡尿。

3. 填空

公民、火光、熄灭、水

课文(四) 狗的纪念碑

听前提示：为什么在澳大利亚的悉尼为狗建立纪念碑？

在澳大利亚的悉尼有一座为狗建立的纪念碑。这座为狗建立的纪念碑就在悉尼海滨高高的悬崖上。为什么要为狗建立纪念碑呢？大家知道，悉尼是一座美丽的海滨城市，很多人从世界各地到这儿来旅游。有的人在本国失业了，有的人失恋了，还有的人失去了生活的信心，他们不想活了，就来到悉尼的悬崖上跳海自杀。在悬崖附近有一个旅馆，旅馆的老板养了一条狗，这条狗看见过不少跳海自杀的人，就学会了观察人们的表情。每当它看到人们在这里高高兴兴地游玩，就放心地跑来跑去。如果看见有人面对大海，愁眉苦脸地坐在悬崖上，狗就知道他想自杀。于是赶快跑回旅馆，把老板找来，老板就想办法劝慰那个人，帮助他树立生活的信心。这条狗就这样救了很多很多的人。后来，这条狗死了，人们想到它曾经救过那么多人，就在悬崖上为它建立了这个纪念碑。

1. 听后判别正误

  (1) 在悉尼海滨的悬崖上有一座为狗建立的纪念碑。   (√)

  (2) 悬崖上有一个旅馆,旅馆的老板养了一条狗。   (×)

  (3) 狗会观察人的表情,如果有人想自杀,它就会把旅馆的老板找来救那个人。   (√)

  (4) 这条狗一直活到今天。   (×)

  (5) 这条狗救过很多人,所以人们为它建立一个纪念碑。   (√)

2. 按照听到的内容的顺序在句子前边写序号

  (4) 如果看见有人面对大海,愁眉苦脸地坐在悬崖上,狗就知道他想自杀,于是赶快跑回旅馆,把老板找来。

  (3) 每当它看到人们在这里高高兴兴地游玩,就放心地跑来跑去。

  (2) 这条狗看见过不少跳海自杀的人,就学会了观察人们的表情。

  (1) 在悬崖附近有一个旅馆,旅馆的老板养了一条狗。

  (6) 这条狗就这样救了很多很多的人。

  (5) 老板就想办法劝慰那个人,帮助他树立生活的信心。

3. 填空

  海滨城市、表情、建立

课文(五) 狮身人面像

听前提示:这个石像为什么叫狮身人面像?

  埃及首都开罗的郊外有一个巨大的石像。这个石像的头像人,身体像狮子,因此人们叫它狮身人面像。这座狮身人面像高20米,长57米,是古埃及第四王朝修建的,距离现在大约有4700年的历史。这里有一个狮身人面像的神话故事。狮身人面像也叫斯芬克斯。据说斯芬克斯从智慧女神那儿学会了很多谜语。它让每一个过路的人猜,谁要是猜不着,它就把谁吃掉。有一次,国王的儿子被它吃掉了,国王非常生气,说:"谁能制服斯芬克斯，我就让谁当国王。"当时有一个叫俄狄浦斯的青年愿意去试试。这天，斯芬克斯给俄狄浦斯出了一个最难猜的谜语。这个谜语的内容是：能发出一种声音，又能从四条腿变成两条腿，再变成三条腿，这是什么生物？俄狄浦斯想了想就猜出来了。他制服了斯芬克斯，当了国王。斯芬克斯被制服了，大风把它埋在地下。后来，国王梦见斯芬克斯在地下十分痛苦，就让人把它挖出来。从那时候一直保存到今天。

1. 听后判别正误

　　(1) 狮身人面像是一个巨大的石像。　　　　　　　　　　　　　(√)
　　(2) 俄狄浦斯猜出了一个很难猜的谜语。　　　　　　　　　　　(√)
　　(3) 狮身人面像也叫斯芬克斯。　　　　　　　　　　　　　　　(√)
　　(4) 俄狄浦斯最后也被斯芬克斯吃掉了。　　　　　　　　　　　(×)
　　(5) 人们把斯芬克斯埋在地下。　　　　　　　　　　　　　　　(×)

2. 按照听到的内容的顺序在句子前面写序号

　　(1) 狮身人面像也叫斯芬克斯。
　　(3) 它让每一个过路的人猜，谁要是猜不着，它就把谁吃掉。
　　(8) 他制服了斯芬克斯，当了国王。
　　(5) 当时有一个叫俄狄浦斯的青年愿意去试试。
　　(2) 据说斯芬克斯从智慧女神那儿学会了很多谜语。
　　(7) 俄狄浦斯想了想就猜出来了。
　　(6) 斯芬克斯给俄狄浦斯出了一个最难猜的谜语。
　　(4) 国王说："谁能制服斯芬克斯，我就让谁当国王。"

3. 填空

　　狮子、谜语、制服

课文(六) 印度尼西亚的一个风俗

听前提示：印尼的巴达克族保留着什么样的风俗？

印度尼西亚是一个多民族的国家，风俗习惯也多种多样。居住在苏门答腊岛上的巴达克族人，到现在还保留着一种古老的风俗，公公和儿媳妇不能直接说话，只有通过中间人才能进行谈话。比如，公公想吃苹果了，就说："阿里，问问儿媳妇，家里有苹果没有？"儿媳妇说："阿里，请告诉公公，我今天上午刚买了苹果，在冰箱里边。"这时候阿里就是中间人。阿里可以坐着或者站在那里一句话不说，因为公公和儿媳妇就在同一个地方，他们互相听得见对方说的话。如果公公和儿媳妇在路上遇见，当时没有别的人，那么石头、树、房子、路、路边的草或者其他东西都可以当中间人。儿媳妇说："石头，公公从哪里来？"公公说："石头，对儿媳妇说，我从城里回来。""石头，请你告诉公公，我去商店买东西，让他慢慢走。"他们说话的时候都面对着石头，好像石头真的是一个中间人。

1. 听后判别正误

　　(1) 印尼是一个多民族的国家，风俗习惯也多种多样。　　　　　　(√)

　　(2) 如果公公想吃苹果，他就会问："儿媳妇，家里有苹果没有？"　(✗)

　　(3) 如果公公和儿媳妇中间没有中间人传话，他们就不能说话。　　(✗)

　　(4) 中间人一定是能说话的人。　　　　　　　　　　　　　　　　(✗)

2. 按照听到的内容的顺序在句子前边写序号

　　(4) "石头，请你告诉公公，我去商店买东西，让他慢慢走。"

　　(3) 公公说："石头，对儿媳妇说，我从城里回来。"

　　(1) 如果公公和儿媳妇在路上遇见，当时没有别的人，那么石头、树、房子、路、路边的草或者其他东西都可以当中间人。

　　(5) 他们说话的时候都面对着石头，好像石头真的是一个中间人。

　　(2) 儿媳妇说："石头，公公从哪里来？"

3. 填空

直接说话、中间人

课文(七)巴西的儿童村

听前提示：注意巴西儿童村的情况。

巴西有一些特别的村子，这些村子的居民差不多都是儿童，他们生活在同一个家庭里。这些家庭一般只有妈妈，没有爸爸，孩子们也不是亲兄弟姐妹，可是他们像一家人一样，互相关心，互相爱护。这就是社会福利协会办的儿童村。每个儿童村最少有12户人家，每户10来口人，住一套房子，包括卧室、客厅、厨房、厕所等等。儿童村的妈妈都是雇来的，她们有的是独身妇女，有的是死了丈夫的寡妇，一般都受过训练，懂得关心和照顾儿童，行为端正，脾气好，有毅力，热爱儿童教育。她们对待儿童就像亲生儿女一样，既负责抚养也负责教育。孩子们都是社会上的弃婴和孤儿。这些孩子被收养到儿童村，可以重新感受到家庭的温暖，重新得到母爱和手足之情。孩子们的生活费由社会福利协会提供，妈妈们的工资也由社会福利协会提供。

1. 听后判别正误

(1) 儿童村的居民差不多都是儿童。　　　　　　　　　　　　　　(√)

(2) 孩子们生活在一个有妈妈也有爸爸的家庭里。　　　　　　　　(×)

(3) 儿童村的孩子们都是社会上的弃婴和孤儿。　　　　　　　　　(√)

(4) 儿童村里一户有10来口人，每户里的孩子都是亲兄弟姐妹。　　(×)

2. 按照听到的内容的顺序在句子前边写序号

(1) 儿童村的妈妈都是雇来的。

(4) 她们对待儿童就像亲生儿女一样，既负责抚养也负责教育。

(3) 一般都受过训练，懂得关心和照顾儿童，行为端正，脾气好，有毅力，热爱儿童教育。

(2) 她们有的是独身妇女，有的是死了丈夫的寡妇。

3. 填空

一家人、亲生儿女

课文(八)林肯和肯尼迪

听前提示：注意听关于林肯和肯尼迪的经历有哪些相似的地方？

林肯和肯尼迪是美国历史上两个有名的总统。这两个人虽然相差几代，但是他们的遭遇却有很多相同的地方。第一，林肯（Lincoln）和肯尼迪（Kennedy）的姓氏都由7个字母组成。第二，林肯1860年当选总统，肯尼迪1960年当选总统，相距整整100年。第三，他们都是星期五被刺的，被刺的时候夫人都在身旁。第四，在林肯和肯尼迪被刺以前，他们的夫人都曾经死了一个儿子。第五，刺客都是从他们的身后开枪击中头部的。第六，林肯和肯尼迪的刺客都是复姓。第七，杀死林肯的刺客在剧院开枪后逃入一个仓库，杀死肯尼迪的刺客在仓库开枪以后逃入一个剧院。第八，两个刺客在受审以前都被同伙杀死了。第九，林肯的继承人叫约翰逊（安德鲁·约翰逊），肯尼迪的继承人也叫约翰逊（林登·约翰逊），他们都是民主党的参议员。第十，安德鲁·约翰逊1808年出生，林登·约翰逊1908年出生，相差100年。第十一，林肯的刺客1839年出生，肯尼迪的刺客1939年出生，也是相差100年。第十二，林肯的秘书叫肯尼迪，肯尼迪的秘书叫林肯。林肯的秘书劝林肯不要去看戏，肯尼迪的秘书劝肯尼迪不要去达拉斯市，两个人都没听秘书的劝告，结果被刺客杀死。因为他们的遭遇有这么多相同的地方，所以在一段时间里就成了美国报刊的热门新闻。

第10课　你知道这些趣闻吗?

听后填表

	林肯	肯尼迪
姓氏的字母数	7个	7个
当选总统的时间	1860年	1960年
星期几被刺	星期五	星期五
被刺前夫人的情况	在身边	在身边
刺客是在身体的什么位置刺杀的	头部	头部
刺客的姓氏种类	复姓	复姓
刺客如何逃走的	在剧院开枪后逃入一个仓库	在仓库开枪以后逃入一个剧院
刺客的结局	被同伙杀死	被同伙杀死
总统继承人的名字	安德鲁·约翰逊	林登·约翰逊
总统继承人出生的年份	1808年	1908年
刺客出生的年份	1839年	1839年
总统秘书的名字	肯尼迪	林肯

三　听后练习

(一) 口头回答问题

　　1. 听了8段课文,你得到了什么新的信息?
　　2. 哪些是你已经知道的信息?

(二) 逐段听,听后复述

聆听理解综合测试卷

第一部分

1. 男：尽管父母不同意，可女儿还是报考了外地的大学。
   女问：父母不赞成女儿做什么？

2. 男：1986年，上海举行了国际友好城市足球邀请赛。上海队以三战两胜一平的成绩获得了冠军。
   女问：上海队在这次足球邀请赛上一共踢了几场比赛？

3. 男：马丁先生说来中国以前，他夫人再三嘱咐，要他买一件具有中国特色的精致的工艺品，作为他们夫妇的金婚纪念。
   女问：从这句话我们知道什么？

4. 男：我昨天差点儿把他的妹妹当成他的女朋友。
   女问：这句话告诉我们什么？

5. 男：瞧，把家具换成浅色的，这屋子里就显得亮多了。
   女问：关于现在屋子里的家具的情况我们可以知道什么？

6. 男：人体的"生物钟"在晚上10～11点出现一次低潮。因此，睡觉的时间应该在低潮前一个小时。
   女问：晚上入睡的最佳时间是几点？

7. 男：你应该少玩一点，抓紧时间在大学多学点儿东西。否则一工作就觉得学的东西不够用。
   女问：这些话是对谁说的？

8. 男：有了孩子以后，工作、生活忙得他团团转，有时刚打开书本，眼睛就睁不开了。
   女问：这些话告诉我们什么？

9. 男：哟，是你呀，好久没你的消息了。今天是什么风把你吹来了？

女问：这些话告诉我们什么？

10. 男：我最看不惯小张这种人，说起话来没有几句是真的。
    女问：这句话告诉我们什么？

11. 男：他说宁愿到外面花钱租房子，也比跟父母兄妹挤在家里要好。
    女问：下面哪种说法正确？

12. 男：对我来说，三口之家是再好没有了。
    女问：这句话是什么意思？

13. 男：关于这方面我没什么可说的。
    女问：这句话是什么意思？

14. 男：小英出门前，给她丈夫留了个条子，上边写着：你回来后把房间收拾一下。
    女问：下面哪种说法正确？

15. 男：老王在北京待了50多年，可以说是老北京了。
    女问：这句话告诉我们什么？

第二部分

16. 女：我们明天去看方教授，上午9点在友谊医院门口见面，大家自己准备带的东西。
    男：行，就这么着。
    女问：男的是什么意思？

17. 女：王秘书，这些材料每份再多印10张，免得到时候不够用。
    男：好，我这就印，回头我送到您的办公室去。
    女问：女的和男的是什么关系？

18. 女：我有研究生学历，求职可能容易些。
    男：恰恰相反，你想你工作没两年就结婚，结婚没两年就生孩子，用人单位能欢迎吗？
    女问：根据男的说的，高学历的女性求职怎么样？

19. 女：我真佩服老张夫妇，恨不得把所有的时间和精力都用在工作上。
    男：可不是。
    女问：他们的话告诉我们老张夫妇的什么情况？

20. 女：真不好意思，这么晚了还来打搅你。
    男：千万别客气，咱们认识又不是一天两天。来，坐下慢慢说。
    女问：从他们的话中，我们可以知道什么？

21. 女：今天的活儿就干到这儿吧。我有点累了。
    男：不行，至少要干完一半。
    女问：他们的活儿干得怎么样了？

22. 女：张兰结婚了吧！
    男：哪儿啊！她喜欢的，人家不喜欢她；她不喜欢的，人家喜欢她。至今也没找到理想的。
    女问：他们的话告诉我们张兰的什么情况？

23. 女：听说你已经联系好了工作，是到一家进出口公司。
    男：瞧你说到哪儿去了，八字还没一撇呢！
    女问：关于男的工作的事，我们可以知道什么？

24. 女：我觉得小红长得一点儿也不好看。李明怎么就看上她了？
    男：萝卜白菜各有所爱，你管那么多干什么？
    女问：他们在谈论什么？

25. 女：你认为这次考试我们班有多少同学能达到标准？
    男：不好说。
    女问：男的对考试是怎么看的？

26. 女：吴京和陈静说他们的婚事要简办，不请客，也让大家不要送东西。我看咱们就不送了。
    男：话是这么说，可是作为好朋友，我觉得咱们多少要表示一下。
    女问：男的是什么意思？

27. 女：现在的孩子真拿他没办法，家长的话十句能听一句就不错了。
    男：真是太不像话了。
    女问：男的是什么意思？

28. 女：看看你怎么搞的？这种事连孩子都知道怎么做。
    男：瞧你说的，我还能不如孩子！
    女问：男的对女的说的话是什么态度？

29. 女：我想李主任会同意这个计划的。
    男：李主任要是同意，那才怪呢！
    女问：男的认为李主任会同意这个计划吗？

30. 女：周末旅行你怎么还没报名，是不是不想去了。
    男：谁说我不想去了。
    女问：男的是什么意思？

31. 女：你去劝劝他好吗？
    男：得了吧，他能听我的。
    女问：男的是什么意思？

32. 女：小张，你出国学习的事定了吗？
    男：咳，没戏了。
    女问：关于小张出国学习的事，我们可以知道什么？

33. 女：我身上没带那么多钱，买书的钱，我明天就给您送来，好吗？
    男：没问题，都是自己人，钱不钱的好说。
    女问：男的是什么意思？

34. 女：这件事你别再问我了，我根本不知道。
    男：你看你，我不过随便问问，生什么气？
    女问：从他们的谈话中我们可以知道什么？

35. 女：你看这件事能办成吗？
    男：几乎没有可能。
    女问：男的认为办成这件事可能吗？

第三部分

36~38题是根据下面这段话

　　一位顾客从书架上取下一本书,然后走进售书大厅一侧的"抄书间"。抄录了书中自己需要的部分后,满意而去。这是记者在湖北省襄樊市新华书店襄阳图书超级市场看到的。在只有十来平方米的"抄书间"里,除了写字的桌椅外,还有一台复印机、一台电脑和一台打印机。工作人员介绍说,顾客自己手抄是免费的。如果需要复印或打印,也只收成本费。襄樊市新华书店总经理许新民告诉记者:有些顾客因各种原因不想买下所需的书——有的是因为手头紧买不起。有的因为只需书中的部分材料,而买下整部书又不合算。设了"抄书间",大大方便了顾客。

36. 问:在图书超级市场里,顾客不买书只抄书时需要办什么手续?
37. 问:在"抄书间"里,什么是免费的?
38. 问:关于顾客不买书只抄书的哪个原因是这段话中没有提到的?

39~42题是根据下面这段对话

男:小英,我又收到两张请柬,都是8月8号结婚的朋友邀请咱们去参加婚礼的。
女:我看8月8号结婚的非挤破头不可。
男:八八,发发,图个吉利呗,小英你去不去?
女:都是你要好的朋友,不去不好。
男:你看咱们准备点什么贺礼好?
女:什么都不用准备,就送钱。
男:好,这样简单。我甚至觉得婚事也是越简单越好,像我这两个朋友,订婚、结婚都大办,又花钱又费力。
女:我也绝对不同意大办。咱们登记结婚后,请双方父母一起吃顿饭就行了。
男:好,这样,咱们买家具、家用电器、照婚纱照,用自己攒的钱就可以了,别让老人们拿钱。
女:对,别忘了,还有蜜月旅行,一定挑一个风景优美的地方。
男:我喜欢这样的结婚方式。

39. 问：女的认为8月8号结婚的人怎么样？
40. 问：说话的两个人是什么关系？
41. 问：他们在婚事上有什么想法？
42. 问：关于他们结婚的打算，对话中没有提到什么？

43~45题是根据下面这段话

　　有钱的美国年轻人一向爱旅游，他们纷纷跨出国门，到国外为自己发现一个崭新的世界。这些年轻的旅游者们以好玩和探险为主要目标。他们不在乎晴或阴、雨或雪、危险或安全、昂贵或便宜，他们只想寻求创业途径，体验新文化，以便更加了解这个世界。

43. 问：根据这段话，美国青年喜欢去哪儿旅游？
44. 问：美国年轻人旅游的目的是什么？
45. 问："他们不在乎晴或阴、雨或雪"是什么意思？

46~48题是根据下面这段话

　　"早餐吃得饱，午餐吃得好，晚餐吃得少"，被许多人当做健身的守则。然而"晚餐吃得少"应根据具体情况而定，不能一概而论。某些职业的人，如文化、教育、卫生、新闻及各类脑力工作者，晚饭后大多有开夜车的习惯，有的甚至工作和学习到夜间十一二点，这样晚餐不但不能少吃，反而应适量加点夜餐。否则，到时候就会很饿，影响工作和学习，对入睡同样有影响，甚至有人可能从睡眠中饿醒。经常如此有饥饿感，还会造成胃肠疾病的发生或出现低血糖现象，对健康是不利的。

46. 问：根据这段话，早餐怎么吃？
47. 问：文章说某些职业的人应适量加点夜餐。下面哪种职业属于文章所说的某些职业？
48. 问：文章中提到某些职业的人晚饭后有什么习惯？

49～50题是根据下面这段对话

男：我买两张票，再要一本介绍天坛公园的书。

女：好。您需要导游服务吗？

男：我们不需要。

女：哦，我说的是这种导游机。放上录音带，您从耳机里可以听到导游讲解。它还会指导您的游览路线，边参观边讲解，十分方便。

男：我们从香港来，普通话都不太好。

女：没问题。我们这儿有英、法、德、韩、日、意大利、西班牙等多个语种的服务。

男：我的外语也不太好。

女：我们还有广东话服务。

男：是吗？那我要一台。

女：请到旁边办一下付费手续。

49. 问：女的给游客介绍了什么？
50. 问：游客需要什么语种的录音带？

答案

1. B	2. A	3. C	4. C	5. D	6. B	7. A	8. C
9. D	10. C	11. D	12. C	13. C	14. A	15. B	16. C
17. A	18. B	19. D	20. C	21. B	22. D	23. C	24. B
25. A	26. C	27. A	28. B	29. D	30. C	31. B	32. A
33. D	34. C	35. D	36. C	37. A	38. A	39. C	40. B
41. B	42. D	43. D	44. C	45. D	46. B	47. D	48. C
49. C	50. D						